风险承担

现代企业发展之道

苏坤◎著

电子工业出版社
Publishing House of Electronics Industry
北京·BEIJING

未经许可，不得以任何方式复制或抄袭本书之部分或全部内容。
版权所有，侵权必究。

图书在版编目（CIP）数据

风险承担：现代企业发展之道 / 苏坤著. —北京：电子工业出版社，2021.10
ISBN 978-7-121-41582-1

Ⅰ.①风… Ⅱ.①苏… Ⅲ.①企业管理－风险管理－研究 Ⅳ.①F272.35

中国版本图书馆 CIP 数据核字（2021）第 138372 号

责任编辑：黄　菲　　　　特约编辑：田学清
印　　刷：三河市鑫金马印装有限公司
装　　订：三河市鑫金马印装有限公司
出版发行：电子工业出版社
　　　　　北京市海淀区万寿路 173 信箱　　邮编：100036
开　　本：720×1000　 1/16　　印张：12.25　　字数：186 千字
版　　次：2021 年 10 月第 1 版
印　　次：2021 年 10 月第 1 次印刷
定　　价：78.00 元

凡所购买电子工业出版社图书有缺损问题，请向购买书店调换。若书店售缺，请与本社发行部联系，联系及邮购电话：(010) 88254888，88258888。
质量投诉请发邮件至 zlts@phei.com.cn，盗版侵权举报请发邮件至 dbqq@phei.com.cn。
本书咨询联系方式：1024004410（QQ）。

前 言
preface

企业通过风险承担来追求较好的市场和盈利机会,这是企业生存和发展的基石,也是支持一个国家经济长期增长的支柱。风险承担行为能够给企业带来竞争优势,进而提升企业价值,对于一个企业的成功至关重要。如今,对于企业风险承担问题的研究,往往侧重于理论上的探讨与金融机构、行业的学术研究,对普通企业风险承担的实证研究才刚刚兴起。本书以我国资本市场为现实背景,在对已有研究成果进行系统回顾的基础上,主要基于企业治理的视角,从管理层、股权与董事会三个层面系统研究企业治理对企业风险承担的影响。通过相关理论归纳与分析,提出相关研究假设,并运用中国证券市场的公开数据,使用多种统计方法进行实证检验,得出企业治理对企业风险承担水平具有重要影响的研究结论,并给出相应建议。

与以往相关研究文献相比,本书的创新性工作主要体现在以下几个方面。

风险承担：
现代企业发展之道

第一，构建了双重委托代理理论框架下企业治理对企业风险承担水平影响的整体概念框架。在我国资本市场上，上市公司呈现股权集中和国有股权占主导地位的特征，存在双重委托代理关系，即大股东与经营者之间的委托代理关系和中小股东与大股东之间的委托代理关系。双重委托代理理论是切合我国实际并适宜我国上市公司治理分析的理论框架。在双重委托代理关系下，管理层与股东之间，以及控制股东与中小股东之间存在着不同的利益关注点，这决定了他们具有不同的风险偏好，进而影响着企业的风险承担行为。已有研究往往只是针对企业治理个别方面或部分因素对企业风险承担水平的影响进行检验，忽略了企业治理对企业风险承担水平的影响与作用是众多因素共同作用的结果，并未从整体上把握这种影响，割裂了各因素之间的联系，难免有失偏颇，从而削弱了研究结论的准确性。本书立足于我国资本市场现实背景，基于双重委托代理理论，从管理层、股权和董事会三个层面，以整体、系统的观点深入剖析了企业治理结构对企业风险承担水平的影响与作用机理，构建了双重委托代理理论框架下企业治理对企业风险承担水平影响的概念框架。在一定程度上克服了以往从单个方面割裂开来研究企业风险承担问题的局限，丰富和扩展了企业风险承担问题的研究内容和发展方向。

第二，将管理层长期激励与短期激励及薪酬差距激励相结合，并融入管理层权力，系统地研究了管理层特征对企业风险承担水平的影响。

研究发现短期薪酬激励不利于企业风险承担水平的提高,尤其是在国有企业中,上述影响更为明显。而长期股权激励有助于减少管理层风险规避倾向,提高企业风险承担水平,但该激励效应主要存在于非国有企业中。在国有企业中,管理层股权的风险承担激励效应并不明显。在管理层权力方面,基于社会心理学的权力接近/抑制理论,管理层权力能够增强其自信和乐观程度,进而使管理层注重风险承担所能带来的潜在利益,忽视其潜在损害,提高管理层权力则会提高企业风险承担水平。管理层薪酬差距的扩大有利于增强其晋升激励动机,提高企业风险承担水平,且上述效应在非国有企业中更为明显。总体而言,管理层作为企业决策制定者,对企业风险承担具有重要影响。

第三,基于我国资本市场股权集中的现实背景,全面系统地研究了股权结构对企业风险承担的影响。研究发现控制性大股东的出现恶化了企业代理问题。控制性大股东为保护控制权私有收益,倾向于降低企业风险承担水平。在国有企业中,股权集中度与企业风险承担水平呈"U"形关系,而在非国有企业中,股权集中度与企业风险承担呈现负相关关系。股权制衡度的提高有利于减少企业代理问题,进而提高企业风险承担水平。机构投资者充分利用其信息和专业优势发挥了重要的监督职能,提高了企业风险承担水平,且机构投资者的上述监督治理作用在国有样本企业中更为明显。与非国有股权相比,国有股权抑制了企业投资决策中的风险承担倾向，国有股权企业风险承担水平相对较低。股权结构作为企业治理主体，对企业风险承担具有重要的决定性作用。

第四，基于我国资本市场董事会制度背景，揭示了董事会独立性、董事会规模和董事会成员兼任情况对企业风险承担的影响。独立董事在我国并没有发挥显著的监督和治理作用，独立董事在提高企业风险承担水平中的作用并不明显。基于社会心理学的群体决策理论，规模较大的董事会对极端决策更难达成一致，致使企业选择风险相对较小的项目，回避风险承担行为，董事会规模的扩大降低了企业风险承担水平。"繁忙董事"增加了企业代理成本，不利于其监督职能的发挥，董事会成员兼任比例的增加降低了企业风险承担水平，尤其是在国有企业中，上述影响更为明显。董事会作为连接企业股东和经理层的纽带，处于企业治理核心地位，对企业风险承担产生重要影响。

目录
Contents

1 引言

1.1 企业风险承担的内涵 2

1.2 企业风险承担的研究意义 7

1.3 企业风险承担的研究方法与框架 9

 1.3.1 研究方法 9

 1.3.2 研究框架 10

2 企业风险承担理论

2.1 企业风险承担的理论基础 14

2.2 企业风险承担国外研究现状 21

 2.2.1 企业风险承担的衡量 21

 2.2.2 企业风险承担的影响因素 25

 2.2.3 企业风险承担的经济后果 34

2.3 企业风险承担国内研究现状 35

2.4　企业风险承担研究的未来方向　39

3　管理层特征对企业风险承担的影响

3.1　管理层货币薪酬、股权、权力和薪酬差距影响分析　44

 3.1.1　管理层货币薪酬影响分析　45

 3.1.2　管理层股权影响分析　47

 3.1.3　管理层权力影响分析　49

 3.1.4　管理层薪酬差距影响分析　51

3.2　研究设计　52

 3.2.1　变量设计　52

 3.2.2　样本与数据来源　56

 3.2.3　研究模型　58

3.3　实证研究　59

 3.3.1　描述性统计分析　59

 3.3.2　相关性检验　60

 3.3.3　多元回归分析　63

 3.3.4　拓展性分析　70

 3.3.5　稳健性检验　78

3.4　管理层货币薪酬、股权、权力和薪酬差距影响分析总结　81

4　股权结构对企业风险承担的影响

4.1　控制性大股东、股权集中度与股权制衡度、机构投资者和股权性质影响分析　86

4.1.1　控制性大股东影响分析　87

　　　4.1.2　股权集中度影响分析　89

　　　4.1.3　股权制衡度影响分析　91

　　　4.1.4　机构投资者影响分析　92

　　　4.1.5　股权性质影响分析　93

　4.2　研究设计　96

　　　4.2.1　变量设计　96

　　　4.2.2　样本与数据来源　97

　　　4.2.3　研究模型　98

　4.3　实证研究　99

　　　4.3.1　描述性统计分析　99

　　　4.3.2　相关性检验　100

　　　4.3.3　多元回归分析　102

　　　4.3.4　拓展性分析　110

　　　4.3.5　稳健性检验　116

　4.4　控制性大股东、股权集中度与股权制衡度、机构投资者和股权性质影响分析总结　120

5　董事会特征对企业风险承担的影响

　5.1　董事会独立性、规模和兼任情况影响分析　124

　　　5.1.1　董事会独立性影响分析　125

　　　5.1.2　董事会规模影响分析　127

　　　5.1.3　董事会成员兼任影响分析　129

5.2 研究设计 130
    5.2.1 变量设计 130
    5.2.2 样本与数据来源 131
    5.2.3 研究模型 131

5.3 实证研究 132
    5.3.1 描述性统计分析 132
    5.3.2 相关性检验 133
    5.3.3 多元回归分析 135
    5.3.4 拓展性分析 139
    5.3.5 稳健性检验 144

5.4 董事会独立性、规模和兼任情况影响分析总结 146

6 企业风险承担的未来

6.1 主要研究结论 150

6.2 企业风险承担对策 153

6.3 创新点 156

6.4 企业风险承担未来 159

参考文献

1. 引 言

风险承担：
现代企业发展之道

1.1 企业风险承担的内涵

改革开放40多年，中国经济突飞猛进，作为经济的微观基础，本土企业的发展也日新月异。宏观地看，40多年经济发展在很大程度上受惠于经济学家所说的"制度安排"，但今天摆在中国经济面前的任务，除继续深化体制改革以外，更为迫切地，却是如何在微观层面上改变企业的生产方式，提升企业的整体创新能力；如何进一步开拓市场（国际化战略）；如何保持企业经营成功的连续性等。毫无疑问，企业风险承担在回答这些问题时扮演着重要角色。

企业风险承担反映了企业在投资决策过程中对风险投资项目的选择，更高的风险承担水平表明高管更具有冒险创新精神，更不会放弃那些风险高但净现值为正的投资项目。风险承担是指在投资决策中具备如下特征的一类典型行为：①风险较大但收益也相对较高；②注重企业的长期价值，投资回收期较长，短期成本较高，且成功概率相对较低。风险承担倾向是影响企业决策选择的关键要素之一，反映了企业在决策过程中对可能存在风险的偏好性程度。风险承担的重要性不言而喻，尽管有些企业因风险承担而招致失败，但没有一个企业是在不从事风险承担行为的状况下而兴旺发达的。为了获得更高的回报，投资者（企业）必须承担相对较多的风险。对于企业而言，为了给股东创造更多价值，企业必须投资更多具有相对较高风险但能够获取较高收益的项目。这是由于对企业而言，风险承担是企业决策和获取收益的前提，从本质上来讲利润也就是对冒险的补偿和回报，这也是资本市场和实业运作的必然逻辑（Li J and Tang Y，2010）。而较低的风险承担水平意味着企业放弃了较多高风险但预期净现值为正的投资项目。战略管理学者认为，企业要保持竞争优势，必须通过一定的风险承担行为来实现①。风险承担能够给企业带来竞争优势，进而提升企业价值，风险承担对于一个企业的成功至关重要（Hoskisson et al.，2017）。在财务经济学家的视野中，较高的风险承担水平也往往与高成长战略相联系，只有通过一定的风险承担行为才能实现企业的迅速成长。企业通过风险承担行为来追求较好的市场和盈利机会是企业生存和发展的基石，也是一个国家长期经济增长的支柱（John et al.，2008）。

风险与收益紧密相连，二者共同构成了评价企业的两个重要维度，企业风险承担行为也是形成企业收益的一个重要路径，较多的风险承担行为能够给企业带来较高的成长性和价值，对于一个企业的成功至关重要。然而，在现实中，无论是理论界还是实务界关注的重点大都集中于企业收益方面，忽视了对企业风险承担行为的研究，并由此造成了严重的后果。

---

① 从事高风险战略能够给企业创造竞争优势和有价值的论断，这已经被战略管理学者普遍认同。例如，企业能够通过产品差异化战略和规模经济建立"进入壁垒"和"市场势力"，而这些战略都具有较高的风险。较高的风险战略能够给企业带来竞争优势，进而提高企业绩效水平。

风险承担：
现代企业发展之道

然而，在人们的传统观念中，往往会对"风险"如谈虎色变、避而远之。这在很大程度上使我国企业整体对风险承担的意识不强，长期以来我国企业整体风险承担不足，导致管理层在把握时代赋予的市场机会面前举棋不定、畏首畏尾、害怕承担责任，这在很大程度上阻碍了我国企业经营绩效和竞争能力的进一步提高。

在改革开放和市场经济浪潮的冲击下，一部分企业能够及时把握市场机会、主动出击、勇于冒险，通过风险承担行为迅速发展壮大，成为国民经济的顶梁柱[①]；而大多数企业则墨守成规，在把握市场机会面前畏首畏尾、犹豫不决、不愿冒险，致使企业逐渐衰落。那么，是什么导致各企业间风险承担的巨大差异呢？

自从 Jensen 和 Meckling（1976）提出著名的委托代理理论以来，代理关系、代理成本日渐成为企业治理领域的研究热点，但以往学者过于关注管理层与股东之间的利益冲突，而双方在风险承担上的代理冲突差异却很少受到关注。代理理论认为股东可以通过持有一揽子企业股份的方法来分散投资风险，而管理层的专用性人力资本和个人财富则往往高度集中于其所供职企业，无法有效地分散风险，出于职业关注和个人私利的考虑，管理层不愿意承担风险，他们甚至会放弃一些风

---

① 例如，海尔集团从一个不足 800 人，亏空 147 万元的集体小厂，在张瑞敏的带领下，通过技术引进、多元化战略、国际化战略等几个阶段迅速成长为经销网络遍布全球的大型上市企业，海尔也成为中国家电第一品牌；而一大批优秀企业家如张瑞敏、马云、柳传志、史玉柱、褚时健、王石等也均以敢于从事风险承担行为而著称。

险相对较高但净现值为正的投资项目，从而违背股东的利益[①]，降低企业价值（Agrawal and Mandelker，1987；Kempf et al.，2009），代理成本导致了企业次优的低风险投资决策，这也就是管理层不愿意承担风险所引起的代理问题。由此可见，代理问题是企业风险承担决策中的重要因素，可能会造成管理层的风险承担不足，由此产生风险相关的代理问题[②]。

另外，一些能够降低企业代理成本的激励和约束机制（如股票期权、股权激励、股权适度集中、机构或外国投资者等）却能够促使管理层与股东间的风险偏好相一致，促使管理层减少风险规避倾向，优化企业风险承担行为，提升企业价值。由此可见，代理冲突在企业风险承担行为中扮演着十分重要的角色。在 Berle 和 Means（1932）提出的传统股权分散研究范式下，管理层与股东间的代理问题（成本）（Principle-agency problem，简称为 P-A 代理问题）是企业治理的核心研究问题。然而，从 20 世纪 90 年代开始，代理理论开始突破传统理论的研究界限，关注所有者之间的代理利益冲突。以 La porta（1999）等为代表的研究成果显示，除美国和英国等少数几个发达国家外，世界上大多数国家企业的股权不是分散的而是相对集中的。此后的研究则从管理层与股东间的代理问题转移到股东间的代理问题上来（Principle-principle problem，简称为 P-P 代理问题），特别是大股东与小股东之间的利益冲突。

[①] 股东偏好于接受所有净现值（NPV）为正的投资项目来增加企业价值，而不管项目风险。
[②] 风险相关的代理问题可定义为风险回避型管理层放弃那些风险较大但净现值为正的投资项目的行为。

风险承担：
现代企业发展之道

目前，在我国资本市场上，上市公司呈现股权集中和国有股权占主导地位的特征，存在着双重委托代理关系，即大股东与经营者之间的委托代理关系和中小股东与大股东之间的委托代理关系。双重委托代理理论是切合我国实际并适宜我国上市公司治理分析的理论框架（冯根福，2004）。代理理论的核心在于各方利益的不一致，以往关于代理问题的研究集中体现在"掏空""侵占""绩效"等能够直接体现代理成本的"显性"项目上，而本项目认为各方利益的不一致不仅仅体现在上述"显性"项目上，而且也表现在类似风险这样的"隐性"项目上。在双重委托代理关系下，管理层与股东之间，以及控制性大股东与中小股东之间存在着不同的利益关注点，决定了他们具有不同的风险偏好，进而影响着企业的风险承担行为。

我国的资本市场呈现出了一些特点。首先，人们受传统观念的影响往往墨守成规，这导致我国企业风险承担水平整体不足，在很大程度上阻碍了我国企业发展水平和竞争力的提高；其次，作为新兴市场经济国家，我国对投资者的保护水平非常低，投资者保护体制不健全，企业内部人员侵占外部投资者的现象还很普遍；再次，与英、美分散的股权结构不同，我国上市公司"一股独大"和内部人员控制的现象仍然较为普遍，存在着双重代理问题，且大多数上市公司的控制人员是国家或其代理机构，他们主要通过向上市公司委派管理层来实现其控制作用。国有控制企业的高管作为一类特殊的风险收益载体，既是大股东的代言人，又存在着明显的政治考量，他们的风险收益责任和激励机制与普通企业高管相比具有很大不同。同时，政府对上市公司的控制和影响力非常大，政府会出于相应的政治考量对企业产生重要影响；最后，我国的接管市场、经理人市场等外部治理机制弱化，不能发挥外部治理应有的作用。我国资本市场的这些特征进一步加剧了企业的代理冲突和信息不对称问题，导致我国企业的风险承担与西方相比具有较大差异。因此，为了揭示我国独特制度背景下双重代理问题对企业风险承担行为的作用机理，必须基于双重代理理论从管理层、股权及董事会等，全面系统地揭示企业治理结构对企业风险承担水平的影响。

1.2 企业风险承担的研究意义

本书旨在以企业管理层、控制性大股东和中小股东的风险偏好为着眼点，以双重代理理论为框架，结合我国独特的制度环境，分析双重代理问题（管理层和控制性大股东）及董事会结构对企业风险承担的影响。本项目的研究具有如下重要的理论意义和现实意义。

1）理论意义

在理论意义方面，本项目将我国独特制度背景下的双重代理问题纳入对企业风险承担研究的统一分析框架中，揭示双重代理问题（管理层和控制性大股东）及董事会结构对企业风险承担的作用机理，剖析控制性大股东与管理层在企业风险承担上的价值取向，以期能够丰富和拓展企业风险承担的研究内容和发展方向，为现有企业风险承担文献提供来自中国经济转型背景下的经验证据。同时，本书的研究进一步完善了企业治理理论；传统企业治理理论大多基于代理理论和信息不对称理论探讨企业治理与企业绩效之间的关系，而本书则将风险承担纳入企业治理研究框架中，论证了企业治理与企业风险承担水平之间的关系，从风险承担的视角提出了完善企业治理的对策，并完善了相关企业治理理论。本研究有助于探寻我国企业风险承担的深层次企业治理因素，为进一步优化企业风险承担提供理论支撑。

2）现实意义

在现实意义方面，实务界将从本项目的研究中更为清晰地洞察我国上市公司的风险承担行为，从企业治理的视角深刻认识其影响因素，为我国证券监管部门有效制定对策和措施来优化企业风险承担行为，完善企业治理水平，切实保护利益相关者的利益，并提供相应政策建议。本项目的研究有助于投资者进一步深刻理解企业风险承担行为的内涵及其价值，提升投资者投资决策效果；有助于债权人准确评价企业风险承担行为及其相伴随的风险，提高信贷资源配置效率。本项目的研究能够唤起广大企业对风险承担的认识和重视，有助于企业对风险承担行为进行有效管理，进一步优化企业风险承担行为。

1.3 企业风险承担的研究方法与框架

1.3.1 研究方法

本书综合运用企业治理理论、社会心理学和企业风险承担等内容，以管理学、经济学、统计学和计量经济学理论为基础，分析论证了企业治理对企业风险承担水平的影响机理。在研究过程中，采用了规范分析与实证研究并重、定性分析与定量分析相结合的研究方法。

通过规范分析和定性分析，本书系统梳理了相关理论基础和国内外企业风险承担的研究现状，建立了企业治理与企业风险承担水平之间关系的分析模型。在对企业治理如何影响企业风险承担水平做出基本判断的基础上，运用中国上市公司2004—2016年的数据，通过描述性统计分析、相关性分析和多元回归分析等实证检验方法进行经验论证，最后对实证研究结论进行定性分析和规范分析，形成解决问题的建议。具体实证研究方法如下。

（1）描述性统计分析。通过对管理层、股权结构、董事会特征和企业风险承担水平等相关变量描述的基础上，发现其中存在的问题。

（2）相关性分析。通过Pearson相关性分析，可以直观地看出相应变量之间的相关性和显著程度，为研究假设的论证提供一定的证据。

（3）多元回归分析。企业风险承担水平的影响因素是多方面的，因此，仅仅考虑本书的研究变量是不充分的，有必要在控制其他影响企业风险承担水平因素变量的前提下，对本书的研究变量与企业风险承担水平之间的关系进行实证验证，以确保研究结论的可靠性。

（4）比较分析研究方法。根据产权性质，将上市公司分为国有控制样本组和非国有控制样本组，并比较了在两类不同的样本中各类企业治理机制对企业风险承担水平影响的差异。

1.3.2　研究框架

根据本书的研究问题与目标，主要按照如下内容组织全文。

第一章为引言。主要阐述本研究的选题背景和研究意义，提出本书的主要研究问题，分析研究时所使用的方法和研究内容框架。

第二章为企业风险承担理论。本章从研究所涉及的主要基础理论、国外研究中企业风险承担的衡量、影响因素、经济后果及企业风险承担的国内研究等方面，对现有文献进行了回顾和梳理，并在此基础上对现有的研究进行了评述，以期找到已有研究的不足并获取有关研究启示。

第三章为管理层特征对企业风险承担的影响。本章首先在对管理层特征与企业风险承担水平间关系详尽理论分析的基础上，提出相应研究假设；然后，对研究所需样本进行了选取，对相应的数据收集过程进行了描述，对相关变量的度量方法进行了介绍，并在此基础上构建了本书的检验模型；最后，运用描述性统计分析、相关性分析和多元回归分析等统计分析方法对管理层特征与企业风险承担水平间关系的研究假设进行了实证检验，并得出相应研究结论。

第四章为股权结构对企业风险承担的影响。本章首先在对股权结构与企业风险承担水平间关系详尽理论分析的基础上，提出相应研究假设；然后，对研究所需样本进行了选取，对相应的数据收集过程进行了描述，对相关变量的度量方法进行了介绍，并在此基础上构建了本书的检验模型；最后，运用描述性统计分析、相关性分析和多元回归分析等统计分析方法对股权结构与企业风险承担水平间关系的研究假设进行了实证检验，并得出相应研究结论。

第五章为董事会特征对企业风险承担的影响。本章首先在对董事会特征与企业风险承担水平间关系详尽理论分析的基础上，提出相应研究假设；然后，对研究所需样本进行了选取，对相应的数据收集过程进行了描述，对相关变量的度量方法进行了介绍，并在此基础上构建了本书的检验模型；最后，运用描述性统计分析、相关性分析和多元回归分析等统计分析方法对董事会特征与企业风险承担水平间关系的研究假设进行了实证检验，并得出相应研究结论。

第六章为企业风险承担的未来。本章首先对本书的主要研究结论进行了归纳，并在此基础上提出了本研究的相关政策建议，阐述了本书的主要创新点，然后说明了本研究的局限性及未来研究方向。

研究框架图如图 1-1 所示。

风险承担：
现代企业发展之道

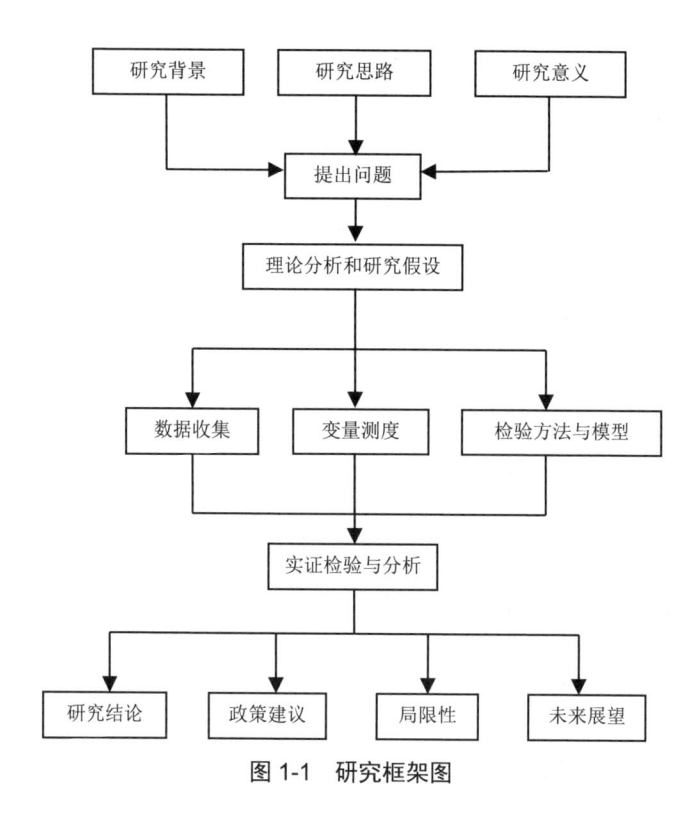

图 1-1　研究框架图

2

企业风险承担理论

理论基础是一项研究的基础性工作和前提。文献综述可以帮助我们明确前人所做的研究工作，辨别本领域的研究前沿，为本书的研究提供基础。已有风险承担行为的研究大多是针对银行等金融机构的研究，近年来才逐渐涉及对非金融类企业风险承担行为的研究，在诸多方面尚未达成一致共识。鉴于与本书的相关性，以下文献综述主要针对非金融机构（普通企业）风险承担行为的研究。有关企业风险承担行为的研究主要集中在企业风险承担行为的衡量、影响因素和经济后果等方面。本部分主要针对与本研究相关的理论基础及与风险承担相关的三个方面的相关文献进行回顾与分析，归纳各有关研究的主要观点，并进行文献综述以获取有益的研究启示。

2.1 企业风险承担的理论基础

1）委托代理理论

委托代理理论是企业治理中一个非常重要的基本理论。委托代理理论由 Jensen 和 Meckling 在 1976 年提出，经过这些年的发展，委托代理理论已经成为企业治理研究的基础。委托代理理论主要是探讨企业当中的股东、管理层及其他利益相关者之间的权利和相互制衡的关系。

委托代理理论的出现适应了生产力大发展和规模化大生产的趋势，极大地提高了企业的生产经营效率，然而委托代理问题在此情况下也就不可避免地产生了。委托代理关系是委托代理理论产生的前提条件，也是委托代理问题产生的根源。委托代理关系指代理人受委托人的委托在一定范围内以委托人的名义从事各类活动、处理有关事务的一类有范围的权力、利益共享关系。委托代理关系体现在企业中就是经理人收到企业股东的委托经营管理企业，从而实现资本收益最大化。委托代理关系一旦形成，股东只拥有剩余索取权，CEO等企业经理人员获得资产的经营权、处置权和监控权。委托代理理论是以经济学领域的"理性经济人"假设为前提建立起来的，在委托代理关系中，委托人和代理人都追求自身利益的最大化，它所包含的基本条件包括：①代理人的行为具有较强的隐蔽性；②委托人和代理人之间的信息具有不对称性；③代理人的目标是追求自身利益最大化，与委托人的利益目标并不一致。

股东、委托人和代理人的身份决定了其目标和利益往往存在分歧。委托代理理论的基本观点认为，股东是企业的所有人和委托人，管理人员是代理人，管理人员应该以股东的利润最大化为目标，但是因为股东和管理人员之间的利益并不是完全一致的，并且信息具有不对称性，可能出现代理人为了追求自身的利益而损害委托人的利益的问题，从而产生代理成本。股东以资本保值增值和企业利润的最大化为目标，而委托人则追求个人利益的最大化（如企业的建立、在职消费等）。这种由所有者和经营者目标不一致带来的委托代理问题无疑会增加代理成本。

代理成本可以分为三个方面：一是委托人的监督成本，也就是委托人激励和监督代理人为实现委托人收益最大化而努力工作的成本；二是

风险承担：
现代企业发展之道

代理人的担保保证成本，是指代理人用来保证其不会采取损害委托人利益的成本；三是剩余损失，即委托人因为代理人代理其做出决策而产生的一种价值损失，也就是代理人所做出的决策和假定具有与代理人相同地位和能力的情况之下的委托人做出的决策之间的差异。

Jensen 和 Meckling（1976）认为，代理成本是企业所有权结构的决定因素。经营管理人员不是企业的所有者（经营权与所有权的分离），这是造成代理成本的主要原因。在某些情况下，一方面，当经营管理人员对工作尽心尽责时，他却可能要承担全部的成本而仅获取一小部分的利润；另一方面，当经营管理人员消费额外收益时，他却能够得到全部好处而只承担一小部分的成本。当然，如果让经营管理人员成为企业的所有者，这些问题都可以得到完美的解决，但是经营管理人员受制于自身资金所限，不可能成为企业所有者，委托代理问题便必然产生，代理成本也不可避免。

委托代理理论对于分析企业治理与企业风险承担之间的关系提供了非常重要的理论基础。上市公司的股东作为出资人，他们实际上并没有参与到企业的日常经营管理当中，而是委托一些经营管理人员在他们的授权范围之内对企业的日常生产经营进行管理，制定相关的经营决策，并在实际中实施。企业风险承担符合股东利益，高风险承担带来更高的资本配置效率，有利于实现资产保值增值并推动企业长期发展。但是委托人考虑到职业关注和个人私利，通常会存在对未来投资结果的短视偏差，即更偏爱投资风险较小的项目，导致企业风险承担不足。同理，具体到我国资本市场的现实背景,大股东与中小股东也存在着委托代理关系和利益不一致的情形。管理层、大股东及中小股东在企业风险承担上所表现的差异性和利益不一致性,体现了委托代理关系的存在,导致代理问题并产生代理成本。

2) 管理层权力理论

管理层权力是影响管理层决策及其决策执行程度的重要指标。管理层权力是指管理层执行自身意愿的能力,一般来说管理层权力越大,其话语权越强,话语也就越有分量,受到的监督就越弱(卢锐,2008)。最早对管理层权力进行研究的经典文献是 Finkelstein(1992)发表在管理学顶级期刊 AMJ(*Academy of Management Journal*)上的一篇文章,它从权力的来源将管理层权力划分为四个方面:组织结构权力、所有制权力、专家权力和声誉权力,并从这四个方面对管理层权力进行了测度。风险承担决策作为企业的一项重要战略决策,自然会受到企业管理层权力的影响。管理层权力越大,它们在企业风险承担决策中的作用和影响也就越大。

在权力与风险承担的关系解释方面,基于社会心理学的权力接近/抑制理论充分考虑权力对于管理层心理的影响,对上述关系具有重要的解释力。Keltner 等(2003)使用接近/抑制的观点整合了权力所产生的不同类型结果,认为提高权力可以激发"行为接近系统",这时管理层主要关注行为的正面产出,如奖赏方面等;而降低权力可以激发"行为抑制系统",这时管理层会将注意力转移到避免负面产出方面,如关注威胁、消极情绪等（Anderson and Berdahl，2002）。不同的行为系统发挥作用将导致管理层对待风险的态度不同（Lewellyn and Muller-Kahle，2012），提高权力能激发"行为接近系统"，进而导致管理层关注风险行为的潜在奖赏方面，忽视其潜在损害（Anderson and Berdahl，2002；Magee and Galinsky，2008）。

从决策形成过程来看，当CEO权力较小时，其他高管团队的制衡作用会很大，将形成更多的中庸决策；而当CEO权力较大时，CEO对企业决策的影响力越大，与其他高管妥协合作的可能性就越小，极端决策就越有可能（Adams et al.，2005）（风险承担决策即一类风险较高的极端决策）出现。

3）激励理论

激励理论是与委托代理理论相伴产生的，为缓解企业所面临的代理问题，激励机制与约束机制是所采取的两类重要途径。激励是通过外界诱导因素对个体的作用，从而使个体行为动机达到激发、引导、维持与调节的过程。激励理论是在研究激励的原理、内容、方法、内涵和本质等的基础上所形成发展起来的理论。管理层是企业中极为重要的人力资本，通过激励机制驱使来调动管理层积极性，以最大限度地发挥其潜能，这对于企业的成功至关重要。在现实生活中，企业对管理层的激励一般是通过一系列的薪酬激励契约制度来实现的。企业通过设计具有竞争力的薪酬计划来吸引和留住管理人才，同时激励着他们努力达到企业所设定的目标，从而最大化企业价值。激励理论主要探讨如何通过满足人的不同需求来充分调动其积极性的一系列方法和工具的集合体。激励的目的是激发被激励者的正确行为动机，调动其创造性，充分发挥其人力资本价值，以最大化企业价值。在我国，管理层激励从内容上看主要分为物质激励（如薪酬、在职消费、各种福利等）与非物质激励（如晋升激励、培训等）。从时间上看主要由短期薪酬激励（包括基本工资和绩效激励）和长期股权激励组成。基本工资是指管理层的固定工资，由其所处行业、区域及高管工作性质等共同决定。基本工资可以为高管提供最基本的生活保障，但设置往往缺乏弹性，过高的基本工资可能会使企业管理层懒惰，不愿为企业绩效水平的提高而冒风险。绩效奖励指管理层完成当年考核指标所获得的奖励，与管理层努力程度密切相关。绩效奖励在很大程度上激发了管理层的主观能动性，可促使企业管理层努力尝试一些风险项目，从而达到企业考核指标，以获得这种绩效奖励。但绩效奖励往往只注重当年业绩考核，只要达到企业当年业绩考核指标，管理层就可以获得相应考核奖励。短期绩效考核很容易导致管理层的短视行为（如盈余操纵等），也无法促使管理层注重企业的长远利益和价值，尤其是对于那些长远价值高而当期风险较大的项目（如创新投资等）。为解决此类问题，往往需要给管理层一些长期激励，来确保管理层能够制定一系列与股东长期利益一致的决策。股权激励是一种常用的长期激励工具，与企业长期业绩息息相关。股权激励会使管理层拥有一定数量的企业股份，享受企业利润索取权。管理层持股能够有效地缓解管理层短视问题，降低代理成本。也就是说，如果管理层的薪酬取决于企业当期的利润，则企业管理层会更关注当期经验情况，而薪酬如果侧重于基于股价的业绩评价标准，企业管理层则可能会更关注企业长期经营情况。

4）锦标赛理论

锦标赛理论将企业管理层视为锦标赛参与者，根据比赛的名次（最终表现出来的绩效）来决定管理层薪酬，比赛名次越靠前，越能获得较高的薪酬（Lazear and Rosen，1981）。在以该理论为基础的薪酬契约制度下，管理层薪酬是相比其他管理层的相对薪酬，而不是绝对薪酬。给予名次靠前的管理层较高薪酬，不仅激励了管理层在高薪驱使下努力工作，而且可以激励下级管理层为获取更高薪酬或晋升而努力工作。锦标赛理论表明管理层努力程度与管理层之间薪酬差距紧密相关，随着薪酬差距的扩大而提高。锦标赛理论作用的发挥需要同时满足如下两个条件：激励对象要具有较强的管理能力；而薪酬差距也能够激发被激励者的工作积极性。二者共同决定了企业高管行为，只有上述两个条件同时成立，锦标赛理论才能有效发挥激励作用。

5）群体决策理论

群体决策理论探讨的是群体决策的形成及其效果的理论。基于社会心理学的群体决策理论，一个重要的观点是，参与讨论决策的群体规模越大，由于各决策者的异质性，就越难以做出风险性较高的决策。这是由于群体规模越大，群体成员的多样化程度越高，成员间的争论也就越多，整体团结性较低（郑晓倩，2015），也就越难于说服其他人来做出高风险的方案，而相对更为谨慎的决策往往在大规模群体中更易获得支持和通过。大规模群体决策最后形成的意见往往是折中的，是个体意见互相妥协的结果。群体决策理论与本书中董事会规模对企业风险承担的影响紧密相关，董事会是形成企业决策的重要场所，许多重大决策都需要在董事会上获得通过，因而董事会的规模也必然会对风险承担决策产生重要影响。

2.2 企业风险承担国外研究现状

2.2.1 企业风险承担的衡量

有关企业风险承担的衡量，目前主要有以下几种测度方法。

（1）采用具体某一项风险承担行为作为企业风险承担的替代变量。研发支出由于成功概率较低及收益的高度不确定性，与投资固定资产的资本支出相比风险更大，因此，通常被用来作为企业风险承担行为的代理变量（Coles et al.，2006；Bargeron et al.，2010；Kim and Lu，2011；Li et al.，2013；Su and Lee，2012；Wang，2012；Mahdavi et al.，2012；Huang and Wang，2015；Habib and Hasan，2017；Zhai et al.，2017；Sheikh，2019）。与此相对，也有学者使用风险相对较小的固定资产资本支出作为企业风险承担行为的反向代理变量（Coles et al.，2006；Bargeron et al.，2010；King and Wen，2011；Wang，2012；Mahdavi et al.，2012；Jiang et al.，2015；Zhou and Li，2016）。除此之外，经营集中度（企业经营的分散、多样化程度）、广告支出（Nguyen，2012）、财务杠杆度（Cain and

Mckeon，2016；Faccio et al.，2016；肖金利 等，2018；Sheikh，2019）、是否投资了高新技术项目（Li and Tang，2010）、并购（Kravet，2014）、现金持有水平（Bargeron et al.，2010；肖金利 等，2018；Sheikh，2019）等也常被用来作为企业风险承担行为的代理变量。

（2）使用一段时期内企业盈余或股票收益的波动性来衡量企业风险承担水平。企业的风险性项目投资必然会导致企业盈余或股票收益的较大波动性。因此，如果企业盈余或股票收益的波动性较大，则说明企业倾向于承担风险。常见的衡量企业盈余或股票收益波动性的指标如 ROA 的标准差（Wright et al.，2007；Faccio et al.，2011；Acharya et al.，2011；Nguyen，2012；Boubakri et al.，2013；Huang and Wang，2015；Faccio et al.，2016；李文贵和余明桂，2012；顾小龙 等，2017；严楷 等，2019）、ROE 的标准差（Faccio et al.，2011）、Tobin's Q 的标准差（Nakano and Nguyen，2012）、股票收益的标准差（Wright et al.，2007；Nakano and Nguyen，2012；Ferrero et al.，2012；Hoelscher et al.，2014；Habib and Hasan，2017；吴倩 等，2019）、现金流量变动的标准差（John et al.，2008；Kim，2011）及一定样本期间内的企业盈余的变动幅度（最大值减去最小值）（Boubakri et al.，2013）等。此外，有的学者还进一步将年度内日股票收益的标准差作为总风险，并将其采用资本资产定价模型（CAPM）或 Fama-French（1993）模型等进一步分解为系统风险与异质性风险来衡量企业风险承担水平（Nguyen and Nivoix，2009；Nguyen，2011；Chen and Zheng，2014；Armstrong and Vashishtha，2012；Sheikh，2019）。

（3）使用实际收益（ROA、Tobin's Q 及股票收益率等）与预期收益差额的绝对值来度量企业风险承担水平（Nakano and Nguyen，2012；Nguyen，2012；Boubaker et al.，2016）。这种方法的基本思路是先使用大样本数据建立起企业收益的多元回归方程，并用于计算企业预期收益，然后计算其与实际收益之间的差额，该差额即表示了实际收益与预期收益的波动程度（偏差），在一定程度上代表了企业风险承担水平。

（4）学者自行构建的企业风险承担指标。企业的风险承担行为越多，必然会增加企业的破产概率，因此部分学者借鉴财务预警研究的方法构建反映企业风险承担行为的指标，如 Altman's Z-score 和 Olson's O-score 等指数（Xu and Zhang，2009；Nakano and Nguyen，2012）。

企业风险承担衡量方法评价表如表 2-1 所示。

表 2-1 企业风险承担衡量方法评价表

测度方法	文献构成	优点	缺点
①具体某一项风险承担行为作为替代变量	Kim 和 Lu(2011)、Li 等(2013)、Wang(2012)、Mahdavi 等(2012)、Li 和 Tang(2010)、Huang 和 Wang(2015)、Zhou 和 Li(2016)、Habib 和 Hasan（2017）、肖金利等（2018）、Sheikh（2019）等	直观、简单	不全面，只是从侧面间接反映，指标自身具有风险承担之外的其他内涵
②一段时期内企业盈余或股票收益波动性	Acharya 等（2011）、Nguyen（2012）、Faccio 等（2012）、Ferrero 等（2012）、Nguyen（2011）、Chen 和 Zheng（2014）、Huang 和 Wang（2015）、李文贵和余明桂（2012）、Habib 和 Hasan（2017）、Zhai 等（2017）、顾小龙等（2017）、严楷等（2019）、吴倩等（2019）等	相对准确、全面	容易受到管理层操控报表和我国资本市场投机行为的影响

续表

测度方法	文献构成	优点	缺点
③实际收益与预期收益差额	Nakano 和 Nguyen（2012）、Nguyen（2012）、Boubaker 等（2016）等	相对准确、全面	计量困难
④自行构建的风险承担测度指标	Xu 和 Zhang（2009）、Nakano 和 Nguyen（2012）等	体现了风险承担的后果：风险方面	很难真正体现企业风险承担水平的"为获取较好市场机会或收益而愿意承担高风险程度"的内涵

目前，学者对企业风险承担行为的测度方法莫衷一是，因为这些测度方法各有优劣。上述第一种方法并不能直接衡量企业风险承担水平的高低，只是从侧面进行间接反映，鉴于这些指标自身所具有的其他内涵，使得解释现象更为复杂。第二、三种方法相对更为准确，但容易受到管理层操控报表和我国资本市场投机行为的影响，将其直接移植于我国企业风险承担行为的研究中具有较大局限性。第四种方法侧重于从企业的破产倾向上考虑，虽然在一定程度上反映了企业风险承担行为的后果（风险方面），但导致企业破产的因素有很多，使用这种方法很难真正体现企业风险承担水平的"为获取较好市场机会或收益而愿意承担高风险程度"的内涵。上述企业风险承担水平测度方法都有其固有的缺陷，在其他条件相同的情况下，使用不同的企业风险承担水平测度方法可能会导致差异甚至相反的研究结论，这从不同学者的研究中可见一斑。特别是我国存在特殊的制度和政策环境，如上述第一类指标中的研发支出披露很不规范、不完整；在我国，财务杠杆究竟体现更多的是融资方面的因素还是企业风险承担方面的因素，能在多大程度上代表企业的风险承担水平

很难说清；会计收益更容易受到管理层的操控，股票收益具有很大的投机性等，这些都限制了上述测度方法在我国的使用。因此，如何借鉴发达资本市场企业风险承担水平的测度方法，在深刻理解企业风险承担内涵的基础上，结合我国独特的制度背景，构建适合我国上市公司的风险承担指标，是一个亟待解决的难题，也是本项目要解决的关键问题之一。

2.2.2　企业风险承担的影响因素

国外学者对企业风险承担影响因素的研究主要从企业基本特征、企业治理因素及宏观制度环境等几个方面来进行阐述。

先前关于企业风险承担影响因素的研究主要集中在企业规模、财务杠杆、成长机会和行业类别等企业基本特征上。例如，Ferrero等（2012）发现资本结构越高，破产的威胁就越大，企业倾向于降低风险承担水平。Kravet（2014）发现采用稳健性会计政策的企业风险承担水平更低，会减少风险型投资（如并购）。Harjoto等（2018）发现社会责任是企业降低与最优风险承担偏离程度的控制机制，社会责任降低了超额风险承担与风险规避的程度。Favara等（2017）进一步研究了负债债务契约对企业风险承担的影响。Habib和Hasan（2017）研究了生命周期与企业风险承担之间的关系，发现企业风险承担在引入期和衰退期较高，而在成长期和成熟期较低。鉴于与本研究的相关性，在此不再进行详细阐述。

近年来，从企业治理的视角对企业风险承担影响因素的研究方兴未艾。经典代理理论认为相对于能够进行多元化投资而表现为风险中性的

风险承担：
现代企业发展之道

广大股东而言，管理层的专用性人力资本和个人财富往往高度集中于其所供职的企业（Amihud and Lev，1986；Agrawal and Mandelker，1987；Kempf et al.，2009），缺乏相对多元化的投资，由于经理层个人声誉和职业关注等方面（Holmstrom et al.，1986；Hirshleifer and Thakor，1992），经理层比股东更厌恶风险，他们可能出于自己的私利考虑而放弃一些投资风险高但净现值为正的投资项目，从而违背企业股东的利益，损害了企业利益和价值。Hu 等（2011）发现由于职业关注，绩效相对很好和很差的基金经理都会采取相对更高的风险承担水平，基金企业风险承担水平与过去的绩效呈现"U"形关系。Chen 和 Zheng（2014）发现随着 CEO 任期的延长，其职业关注会降低，从而提高了企业风险承担水平，验证了"职业关注假说"。Li 和 Tang（2010）研究了管理层的心理特征——骄傲自大情绪对企业风险承担的影响，发现 CEO 的骄傲自大情绪与企业风险承担水平呈现正相关关系，并且当管理层自主权较大时，这种关系更为强烈。Ding 等（2015）研究了国有企业管理层政治晋升动机对企业风险承担的影响，发现企业所附属的政府层级显著提高了企业风险承担水平，并且这种效应在管理层年轻时更为显著，而在管理层接近退休时则不显著。Vo（2018）发现在经济转型国家——越南，政府所有权降低了企业风险承担水平。Farag 和 Chris（2016）研究了 CEO 人口学特征对企业风险承担的影响，发现年轻和任期较短，以及具有研究生学历的 CEO 更倾向于采纳风险型决策，CEO 以往董事会经历也有利于提高企业风险承担水平，而女性 CEO 并不比男性 CEO 更具有风险规避的优势。Tang 等（2016）发现 CEO 是创始人的企业的风险承担水平相对较高。Cain 和

Mckeon（2016）调查了 CEO 个人风险承担水平与企业风险承担水平之间的关系，将 CEO 是否拥有私人飞行驾照作为其个人风险承担水平的测度方法，发现其与企业风险承担水平呈现正相关关系。Faccio 等（2016）发现女性 CEO 管理的企业具有相对较低的财务杠杆和盈余挥发性，以及较高的生存机会，说明女性 CEO 管理的企业具有相对较低的风险承担水平。Sheikh（2019）研究发现 CEO 内部负债降低了企业风险承担水平，而市场竞争正向调节了这种关系。Ferris 等（2019）使用国际样本发现 CEO 社会资本提高了企业风险承担水平，并且这种关系受到外部法律环境保护、金融发展水平和国家文化的调节作用。

在此基础上，设计了一系列的激励和约束机制，以及董事会监督等治理机制来实现管理层与股东之间的风险偏好一致，从而实现企业价值最大化的目标。在激励机制方面，权益基础上的薪酬激励（股权激励）和股票期权是常用的手段（Wright et al.，2007；Armstrong and Vashishtha，2012；Hayes et al.，2012；Raviv and Sisli-Ciamarra，2013；Baixauli-Soler et al.，2015；Kim et al.，2017），这些措施能够促使管理层克服风险规避倾向，导致较高的企业风险承担水平。Shivaram 等（2002）运用石油和天然气行业的数据发现，股票期权能够促使经理层扩大对风险高但收益也相对较高项目的投资，提高企业风险承担水平。Wright 等（2007）系统研究了管理层激励对企业风险承担水平的影响，发现管理层薪酬中固定部分的比例越高，企业风险承担水平越低，而授予经理层股票期权能够提高企业风险承担水平，管理层持股比例与企业风险承担水平呈现一种曲线关系。Low（2009）研究发现在 20 世纪 90 年代中期的特拉华收购热潮后，企业风险水平降低了 6%，而这主要集中于经理层具有较少股权激励的企业中，特别是当 CEO 的财富相对于股票收益的挥发性（Vega）不敏感时，上述效应更为明显。较高的 Vega（CEO 财富相对股价变化的敏感性）会促使企业采纳更具风险性的政策，包括更多的研发支出、较少的资本支出（PPE）、经营业务更为集中，以及较高的财务杠杆（Coles et al.，2006）。Dong 等（2010）发现当持有股票期权的 CEO 财富相对股票收益挥发性更为敏感时，他们更可能发行负债而不是权益融资，且即使在资本结构水平较高的企业中也是这种状况。Kim 和 Lu（2011）进一步发现当外部治理较弱时，CEO 所有权与企业风险承担水平呈现一种倒"U"形关系，而当外部治理较强时，CEO 所有权与企业风险承担水平并没有显著的关系。Kim 等（2017）研究了期权激励对企业风险承担水平的正向影响，并且发现这种影响受到了资本结构的调节作用。Casavecchia 和 Suh（2017）发现管理层薪酬对股东财富的敏感性——Vega 促使企业提高风险承担水平，权益基础上的薪酬激励的确达到了激励股东与管理层利益相一致的目的。但 Rachel 等（2012）发现股权激励可能导致经理层的短视化行为，并没有达到发挥激励经理层风险承担行为的效果，而且高风险企业授予经理层股票期权的数量也在不断下降。Baixauli-Soler 等（2015）发现授予管理层团队的股票期权价值与企业风险承担水平呈现倒"U"形关系，而管理层团队性别多样化对此关系具有显著的调节作用。Chakraborty 等（2019）发现 CEO 期权薪酬在加拿大提高了企业风险承担水平，并且这种效应主要体现在小规模企业中，在大规模企业中 CEO 期权薪酬的激励效应并不明显。

约束机制也是协调经理层与股东风险偏好差异的一个重要方面，如大股东所有权的集中、机构投资者和多个大股东、审计师等的影响。一方面，随着所有权的增加，大股东具有通过增加风险性项目来提高企业收益（Paligorova，2010）的强烈动机，部分学者也发现所有权集中度与企业风险承担水平呈现正相关关系（Laeven and Levine，2009；Nguyen，2011；Shah et al.，2012）。另一方面，大股东也有追求控制权私有收益的强烈动机，他们可能采取更稳健的投资项目来确保这些收益（John et al.，2008）。而只有当大股东具有多元化投资时（投资两个以上企业），大股东所有权与企业风险承担水平之间的正相关才成立（Paligorova，2010），具有多元化投资的大股东控制的企业风险承担水平也相对更高（Faccio et al.，2011）。Mishra（2011）通过使用东亚九个国家的样本发现，大股东有能力和动机采取稳健的投资政策以获取控制权私有收益，主导股东的出现与企业风险承担水平呈现负相关关系，而多个大股东的出现能够提高企业的风险承担水平。Boubaker 等（2016）使用法国企业的样本得出了类似的结论，发现主导股东为保护私有收益具有选择低风险投资项目的强烈动机，而多个大股东的出现能够阻止主导股东从事低风险项目的偏好，提升企业风险承担水平。除此之外，还有部分学者研究了所有权结构与企业风险承担水平之间的非线性关系。Gadhoum 和 Ayadi（2003）发现加拿大企业的风险承担水平在所有权集中度处于较低和较高水平时都相对较高，也就是说所有权集中度与企业风险承担水平呈现一种"U"形关系。Lee 等（2018）使用韩国企业的样本发现家族企业所有权与企业风险承担水平之间呈现"U"形关系。Zhai 等（2017）发现具有银行关联的企业具有较高的风险承担水平。

  Wright 等（1996）发现机构投资者具有通过促进企业风险活动来提升企业价值的动机，机构投资者对企业风险承担水平具有显著的正向影响。而 Mahdavi 等（2012）却发现土耳其企业机构投资者并没有对企业风险承担水平具有显著的影响。Nguyen 和 Nivoix（2009）发现集团附属能够降低企业的异质性风险，但却增加了系统性风险。大股东身份对企业风险承担水平也具有重要影响。国有股东追求社会稳定和员工失业率的降低（Fogel et al.，2008；Huang et al.，2011），倾向于降低企业风险承担水平（李文贵和余明桂，2012），而国外投资者则提高了企业风险承担水平，并且这一关系受到国家制度的影响（Kim，2011；Boubakri et al.，2013）。家族企业由于具有将企业财富转移给下一代的强烈动机，相比共同基金、金融机构和实业企业控制的企业，他们也更倾向于回避风险（Anderson et al.，2003）；Su 和 Lee（2012）使用台湾通信行业的数据发现家族企业为了保存他们的财富，家族所有权和家族参与程度都降低了企业风险承担水平，而外部董事能够减弱上述影响。Nguyen（2011）研究发现日本家族企业具有增加企业价值的强烈动机，能够提高企业的风险承担水平，而银行控制的企业则倾向于降低企业风险承担水平。在以银行治理为中心的日本经济中，国外投资者所有权的增加能够提高企业风险承担水平（Nguyen，2012）。Vo（2016）则发现在经济转型国家——越南，投资者降低了企业风险承担水平。Hoelscher 等（2014）发现审计师行业专门化水平显著提高了企业风险承担水平。

　　其他治理机制，如董事会对企业风险承担行为也产生了重要影响。Wang（2012）发现较小规模的董事会更能促使 CEO 承担风险，进行更多的风险性投资。Nakano 和 Nguyen（2012）发现日本企业的董事会规模越大，越倾向于采纳非极端的投资决策，降低了企业风险承担水平，并且这种关系受成长机会的影响。Huang 和 Wang（2015）发现董事会规模整体上对企业风险承担具有显著的负向影响，小规模董事会往往会导致企业更大的企业绩效挥发性、更高的管理层薪酬绩效敏感性、更倾向于追求风险型投资政策及更频繁的盈余管理行为。Ferrero 等（2012）全面研究了董事会对企业风险承担的影响，发现董事会规模与企业风险承担水平呈现负相关关系，董事会费用与企业风险承担水平呈现正相关关系，而独立董事、董事长与总经理兼任状况对企业风险承担水平并没有显著的影响。Chen（2011）的研究发现与上述基本一致，独立董事、董事长与总经理兼任对企业风险承担水平没有显著影响，而董事会规模、董事会持股与企业风险承担水平呈现负相关关系。Boyer 和 Tennyson（2015）发现董事会与管理层的责任保险对其承担风险具有显著激励作用。Gulamhussen 和 Santa（2015）发现女性董事的出现降低了企业风险承担水平；Khaw 等（2016）发现男性主导的董事会的企业的风险承担水平较高，并且上述关系受到国有所有权的影响。Zhou 和 Li（2016）发现董事会治理质量对企业风险承担整体具有显著的正向影响。Jiraporn 和 Lee（2018）使用萨班斯—奥克斯法案作为外生冲击，研究了独立董事对企业风险承担的影响，发现独立董事降低了企业风险承担水平。Heba 等（2019）使用经济转型国家——埃及的证据发现女性董事比例高的企业更倾向于规避风险。

宏观制度环境影响着企业的生产经营、融资等外部环境，进而影响管理层对企业未来不确定性的判定，导致企业风险承担决策的差异性。在宏观制度环境因素方面，较好的投资者保护能够促使企业增加对具有较高风险但能够增加企业价值项目的投资，投资者权利保护越好，企业越容易接受"高风险高收益"类型的投资项目，从而提高企业价值（John et al., 2008）。而较高的债权人保护会导致更高的破产成本，当企业破产时会更容易进行多元化并购重组，降低企业的风险承担能力（Acharya et al., 2011）。King 和 Wen（2011）发现国家整体企业治理水平会对企业风险承担行为产生显著影响，较强的债权人治理水平导致较高的资本支出和较低的研发投入水平（较低的企业风险承担水平），而较高的股东治理水平会导致较高的研发费用（较高的企业风险承担水平）。Bargeron 等（2010）检验了萨班斯—奥克斯法案的实施对降低企业风险承担水平的影响，相比同时期不受萨班斯—奥克斯法案影响的英国、加拿大企业，美国企业在萨班斯—奥克斯法案颁布后的资本和研发投入显著下降，而企业持有的现金及现金等价物显著增加，企业股票收益率的方差也明显下降。Li 等（2013）进一步检验了国家文化对企业风险承担的影响，发现个人主义文化对企业风险承担具有显著正向影响，而回避不确定性的文化价值观对企业风险承担具有显著的负向影响，并且上述关系受管理层自主权的影响。Sauset 等（2015）研究发现欧盟于 2009 年对 CEO 薪酬契约规制的引入降低了企业风险承担水平。Kusnadi（2015）使用国际样本数据的研究表明一个国家对内幕交易的限制提高了企业风险承担水平。Diez-Esteban 等（2019）使用 35 个跨国样本的数据表明国家文化对企业风险承担水平具有显著影响。Langenmayr 和 Lester（2018）研究了国家税收体系对企业风险承担水平的影响，发现企业风险承担水平与税收损失时期长度及税率呈现正相关关系。Gupta 和 Krishnamurti（2018）使用 56 个国家的数据研究了石油价格变化对企业风险承担水平的影响，发现当国际石油价格上升时，企业倾向于规避风险，并且上述影响受制于外部宏观经济条件的影响。

综上所述，有关企业风险承担影响动因的研究以近年来文献为主，还有待进一步深入研究。企业风险承担影响因素归纳表如表 2-2 所示。

表 2-2　企业风险承担影响因素归纳表

研究视角	文献构成	研究结论
企业特征	Ferrero 等（2012）、张敏和黄继承（2009）等	企业规模、财务杠杆、成长机会、多元化和行业类别等对企业风险承担有重要影响
管理层	Chen 和 Zheng（2014）、Li 和 Tang（2010）、Faccio 等（2012）等	管理层表现为风险承担不足，CEO 任期、性别、骄傲自大情绪对企业风险承担具有重要影响
激励机制	Wright 等（2007）、Armstrong 和 Vashishtha（2012）、Dong 等（2010）、Kim 和 Lu（2011）、Rachel 等（2012）等	股权激励和股票期权是激励经理层风险承担的常用手段，但也有学者发现股权激励效果有限
股权特征	Laeven 和 Levine（2009）、Nguyen（2011）、Shah 等（2012）、Faccio 等（2011）、Mishra（2011）、Boubaker 等（2016）、Fogel（2008）、Huang（2011）、Su 和 Lee（2012）、Nguyen（2011）、李文贵和余明桂（2012）等	部分学者发现所有权与企业风险承担正相关，并受情景变量影响；但更多的学者发现二者负相关，而多个大股东的出现能够减弱这种负向关系。大股东身份也对企业风险承担具有重要影响

续表

研究视角	文献构成	研究结论
董事会特征	Wang（2012）、Nakano 和 Nguyen（2012）、Ferrero 等（2012）、Chen（2011）、解维敏和唐清泉（2013）等	董事会规模、薪酬、持股比例对企业风险承担具有重要影响，而独立董事、两职兼任对企业风险承担没有显著影响
其他治理机制	Mahdavi 等（2012）、Nguyen 和 Nivoix（2009）、Nguyen（2012）等	机构投资者、集团附属、国外投资者对企业风险承担具有重要影响
制度环境	John 等（2008）、Acharya 等（2011）、King 和 Wen（2011）、Li 等（2013）等	投资者、债权人保护和治理水平，以及国家文化对企业风险承担具有重要影响

2.2.3 企业风险承担的经济后果

在现有文献中，对企业风险承担经济后果的研究虽有所涉及，但尚未引起足够的重视。研究内容主要体现在企业风险承担水平对企业融资、现金持有水平、成长性、资本配置效率和企业绩效等方面的影响上。

John 等（2008）发现企业风险承担能够在微观上提高企业的资产增长率和销售收入增长率，能够在宏观上提高全要素生产增长率和 GDP 增长率。Wang（2012）研究发现企业价值是企业投资风险的函数。更高的企业风险承担水平能够带来更高的 R&D 投入和资本性支出（Bargeron et al.，2010），企业能够更充分利用投资机会，对创新活动也更为重视，有利于增强企业竞争优势。Dong 等（2010）发现股票期权能够提高企业风险承担水平，进而导致企业发行更多的负债而非采用权益融资，由此造成了次优的资本结构。Djembissi（2011）发现过高的企业风险承担水平会导致较短的债务期限结构。Liu 和 Mauer（2011）研究发现风险承担水平较高的企业需要相对较高的资产流动性，从而企业现金持有水平也较高。Kim（2011）发现较高的企业风险承担水平能够促进企业的成长。

Faccio 等（2016）认为女性 CEO 管理的企业的风险承担水平相对较低，并降低了企业资本配置效率。Nguyen（2011）发现异质性风险能够保持企业的竞争优势，日本家族企业的风险承担水平相对较高，进而提高了企业绩效，而银行控制企业的风险承担水平相对较低，企业绩效水平也相对较低。Danso 等（2016）发现企业家高水平的风险承担倾向有利于增强企业绩效。Casavecchia 和 Suh（2017）发现较高的企业风险承担水平与未来较高的股票收益相联系。Habib 和 Hasan（2017）发现企业风险承担与企业绩效之间的关系取决于所处的生命周期阶段，在成长期与成熟期提高企业风险承担水平有利于增加企业未来绩效，而在引入期和衰退期提高企业风险承担水平反而降低了企业未来绩效。

2.3 企业风险承担国内研究现状

国内学者对企业风险承担的研究集中体现在有关银行等金融机构风险承担的研究上（张鹏和张颖，2012；曹素娟，2012；王相宁 等，2017），而对非金融类企业风险承担的研究还未引起足够的重视。国内学者对企业风险承担的度量指标还停留在模仿国外研究上，尤其缺乏科学性和准确性；而研究内容也缺乏系统性和全面性，零散见于企业风险承担影响因素和经济后果的少数几个方面上。

张敏和黄继承（2009）发现企业多元化程度增加了企业所承担的风险，而这种影响在政治关联企业相对较低。马宁（2018）进一步发现多元化战略与企业风险承担之间的关系存在基于董事会规模的双重门槛效应。黄建仁、黄健仁和苏欣玫（2010）研究了管理层薪酬和自由现金流量对企业风险承担的影响。曾进（2010）发现我国上市公司中的问题是企业更倾向于从事冒险行为，整体而言较欧美企业具有更强的冒险倾向。李迎春（2012）研究发现剩余薪酬能够显著提高企业风险承担水平。夏子航等（2015）研究了母子企业债务分布对企业风险承担的影响。王性玉等（2016）研究了企业生命周期与企业风险承担之间的关系。陆静和许传（2019）发现企业社会责任降低了企业风险承担水平。吕文栋等（2015）发现管理层异质性对企业风险承担具有重要的影响。李海霞和王振山（2015）从CEO权力的视角研究了其与企业风险承担的关系，发现其符合"行为决策理论"，提高CEO权力能够提高企业风险承担水平。李海霞（2017）进一步发现CEO权力与企业风险承担呈现正相关关系，与非国有企业相比，CEO权力对企业风险承担的影响在国有企业更为显著，而风险承担对企业成长性则具有显著的负向影响。毛其淋和许家云（2016）发现政府补贴总体上并没有对企业风险承担具有促进作用，只有适度政府补贴能够提高企业风险承担水平，而过度政府补贴则降低了企业风险承担水平。李彬等（2017）研究了CEO性别与企业风险承担之间的关系，发现性别角色理论在企业风险承担研究中更具有适用性，且CEO为女性的企业风险承担水平相对更高。张洪辉和章琳一（2017）研究了管理层薪酬契约有效性对企业风险承担的影响，发现基于业绩的有效薪酬会降低企业风险承担水平，而管理层无效薪酬则会提高企业风险承担水平。肖金利等（2018）发现夫妻共同持股的企业风险承担水平相对更低；何威风等（2018）研究了大股东行为对企业风险承担的影响，发现大股东的股权质押行为显著降低了企业风险承担水平。赵丽娟和张敦力（2019）研究发现 CEO 社会资本显著提高了企业风险承担水平，并且当市场化程度较低、外部融资需求高及代理成本比较低时，CEO 社会资本对企业风险承担的促进作用相对更强；不同类型的 CEO 社会资本的影响作用也不尽相同。马永强和邱煜（2019）发现 CEO 的贫困出身显著降低了企业风险承担水平，展现出风险规避型特征，而薪酬激励和产权性质对此具有重要调节作用。王晓亮和蒋勇（2019）综述了管理层团队激励对企业风险承担的影响，以及企业风险承担与战略绩效之间的关系。胡国柳和胡珺（2017）发现引入董事管理层责任保险有助于提高企业风险承担水平。何威风和刘巍（2017）发现 EVA 业绩评价有利于提高企业风险承担水平。杨道广等（2019）探讨了分析师在企业风险承担中的两类假说——治理假说和压力假说，检验结果表明分析师跟踪提高了企业风险承担水平，而这类效应在非高新技术企业和垄断性行业中更为明显。许永斌和鲍树琛（2019）以家族上市公司为研究对象，发现家族企业进入代际传承期后，企业风险承担水平显著降低，而与"家族－家族"类别的接班方式相比，"职业－家族"类别的接班方式下代际传承对企业风险承担的负向效应更为显著。

在宏观因素方面，刘志远等（2017）发现经济政策不确定性促进了企业风险承担水平的提高，并且这种影响仅存在于非国有企业，在国有企业中该效应并不明显。王倩（2018）研究发现货币政策的变化会通过银行风险承担最终传递到企业风险承担水平上，货币政策越宽松，企业风险承担水平就越高。严楷等（2019）使用省级层面银行分支机构数据构建地区银行业结构性竞争程度指标，检验结果表明银行业竞争加剧有利于当地企业风险承担水平提高，在国有企业中主要是通过融资成本机制提高企业风险承担水平的，在非国有企业中主要是通过融资约束机制提高企业风险承担水平的。吴倩等（2019）从风险承担的视角检验了产业政策的经济后果，发现产业支持政策对企业风险承担具有激励作用，并且这种作用在成长期和衰退期的促进作用相对更强，而在成熟期并不显著；产业支持政策主要通过政府补助、信贷支持及税收优惠等途径扩大了企业可支配的资源，并进一步提高企业风险承担水平。苏坤（2017）从我国传统的非正式制度的视角研究发现，重商文化提高了企业风险承担水平，并且上述影响在非国有企业中更为显著。金智等（2017）发现受儒家文化影响较大的企业，其企业风险承担水平相对较低，并且这种关系在市场化程度高、对外开放程度高的地区和民营企业中相对较弱。由此可见，仅有的企业风险承担影响因素的研究还都停留在对企业基本特征的研究上，没有深入到影响企业风险承担的深层次因素上来。

而在经济后果方面的研究更为稀少，王阳和郑春艳（2012）发现企业风险承担能够增加企业的股价波动性。余明桂等（2013a）发现管理者过度自信与企业风险承担水平呈现正相关关系，而提高风险承担水平有助于提高企业资本配置效率与企业价值。董保宝（2014）基于调查问卷的数据发现新企业风险承担水平与企业绩效之间呈现倒"U"形关系。盛明泉和车鑫（2016）基于战略管理视角研究了风险承担对于资本结构动态调整的影响，发现企业风险承担能够加快资本结构调整速度，并减少与实际资本结构偏离目标的程度。苏坤（2016）从债务期限结构的视角检验了企业风险承担的经济后果，发现风险承担水平的提高带来了偿债风险的提高，而债权人能够感知这种变化并在信贷决策时做出相关反应，企业风险承担水平与债务期限结构呈现负相关关系。顾小龙等（2017）则进一步发现企业风险承担水平显著增加了企业债券融资成本。朱鹏飞等（2018）基于审计费用的视角考察了企业风险承担的经济后果，发现企业风险承担增加了审计收费，而在国有企业中风险承担的审计溢价效应相对较弱。刘华和杨汉明（2018）发现企业风险承担水平显著提升了企业创新绩效。施燕平和刘娥平（2019）发现发行债券企业的风险承担水平与其债券信用利差显著正相关。田高良等（2019）基于管理层非理性行为假说，发现在受噪音驱动明显的我国资本市场环境下，企业风险承担水平显著降低了股价同步性，而盈余管理是导致上述关系的内在机制。

2.4　企业风险承担研究的未来方向

随着企业风险承担相关理论的深入研究和实践活动的不断开展，企业风险承担已经引起了学术界和实务界的高度重视，逐渐成为财务学领域的一个新的重要研究方向。本书从企业风险承担的衡量、影响因素和经济后果三个方面系统地梳理了关于企业风险承担的国内外最新研究成

风险承担：
现代企业发展之道

果。这些研究成果对于我国企业深入认识企业风险承担的内涵和价值、促进企业家精神的培育具有重要的理论和现实意义。但通过现有研究的梳理也可以发现，有关企业风险承担的研究仍然存在一些不足。归纳起来，目前企业风险承担研究的不足之处和未来的研究方向主要体现在以下几个方面。

（1）尽管企业风险承担在实务界是一种普遍现象，但学术界对企业风险承担的研究起步较晚，存在许多悬而未决的问题，尤其是有关企业风险承担的测度问题至今仍没有一种权威、公认的衡量方法。对企业风险承担的测度仍然是当前研究中的难题之一，尤其是如何基于中国的特殊制度背景，融入中国元素制度的企业风险承担仍是一个重要而紧迫的难题，也是未来应重点突破的研究方向之一。

（2）企业风险承担近年来引起了国外学者的积极关注，但在企业风险承担主体方面，研究内容呈现一边倒的局面，还主要侧重于银行等金融机构风险承担的研究，对非金融类企业风险承担的研究还相对较少。国内学者对企业风险承担的研究明显滞后于国外研究水平，且大多是追随或效仿国外已有研究的，忽视了中国特殊的制度背景，且集中于银行风险承担的研究，对普通企业风险承担的研究尤为匮乏。

（3）有关企业风险承担决定因素的研究主要集中在企业基本特征上（如企业规模、财务杠杆、成长机会和行业类别等），而最近的研究才开始从企业治理的视角研究企业风险承担行为问题。但这些研究大多集中于企业管理层、董事会特征、机构投资者、集团附属或大股东直接持股等某一方面，研究缺乏系统性和全面性，且没有结合我国的具体资本市场背景来研究。在我国特殊的资本市场背景下，普遍存在着双重代理问题。将我国特殊的双重代理问题同时纳入企业风险承担同一框架的系统研究上，这是未来的重要研究方向。

（4）在企业风险承担宏观制度环境影响因素方面，目前研究主要集中在不同法系、不同国家制度环境差异下的企业风险承担国际横向比较研究上。目前，没有文献是从国内不同省份（或地区）的制度环境差异视角研究企业风险承担影响因素的。而我国幅员辽阔，不同省份（或地区）的制度环境存在显著的区域性差异（樊纲 等，2011）。这为我们研究国内不同省份（或地区）的制度环境差异与企业风险承担之间的关系提供了难得的机会，这也是未来的重要研究方向之一。

（5）在企业风险承担的经济后果方面，现有文献虽有所涉及，但尚未引起足够重视。研究内容集中体现在企业融资、现金持有、成长性、资本配置效率和企业绩效等方面，没有涉及企业风险承担对企业外部利益相关者的影响。而企业风险承担不仅对企业自身，而且对企业外部利益相关者都会产生重要影响。未来有关企业风险承担经济后果的研究也应该将视角从企业内部拓展到企业外部利益相关者上来，以便深化对企业风险承担的相关研究。

3

管理层特征对企业风险承担的影响

3.1 管理层货币薪酬、股权、权力和薪酬差距影响分析

结合本书的主要研究问题，在对已有研究成果进行系统回顾的基础上，主要基于企业治理的视角，从管理层、股权与董事会三个层面系统研究企业治理对企业风险承担水平的影响。

管理层是企业经营决策的主要参与者与执行者，是企业正常运转的重要保证，其行为和决策在很大程度上影响着企业的前景和股东财富，因此必然会影响企业的风险承担水平（吕文栋 等，2015）。以往研究表明管理层偏离股东（企业）价值最大化目标的动机也是影响企业风险承担水平的主要因素（王晓亮和蒋勇，2019）。在管理层方面，如前所述，由于管理层的财富和职业前途往往依赖于其经营企业的成败，无法有效地分散风险，所以比股东更厌恶风险，管理层出于职业关注和个人私利的考虑往往会放弃那些风险较高但净现值为正的投资项目，或不愿付出很大努力去管理新（高风险）项目，从而损害了企业价值，违背企业股东的意愿（Agrawal and Mandelker，1987；Kempf et al.，2009），不利于企业长期战略目标的实现。

要解决上述风险相关的代理问题，最基本的办法就是对管理层进行激励，包括短期激励和长期激励（Lazear and Rosen，1981）。在短期激

励方面，薪酬激励是最常用的手段，管理层激励程度与其从企业获得的报酬紧密相关。在长期激励方面，往往采取股权激励的办法，由于我国股权激励实施相对较晚，且实施样本企业较少，长期激励措施最终体现在其所持有的股权。管理层权力的大小影响着其执行决策的能力，也会体现在企业风险承担决策上。此外，管理层薪酬差距的大小决定着对管理层的激励程度，薪酬差距越大，管理层激励动机就越明显，这也会反映到企业风险承担决策上。因此，本部分主要从管理层货币薪酬、管理层股权、管理层权力和管理层薪酬差距四个方面来系统阐述管理层特征对企业风险承担水平的影响。

3.1.1 管理层货币薪酬影响分析

货币薪酬在我国企业激励机制中占有特别重要的地位，是我国企业激励机制的主体，我国企业货币薪酬激励机制也在不断地完善。货币薪酬在整个薪酬激励机制中比较特殊，它一般是基于企业短期激励指标发放的。因此，一些管理层容易出现短视行为，我国企业管理层任期一般为三年，如果投资一些长期、高风险及净收益较高的项目，管理层往往不能在任期内获得收益（张洪辉和章琳一，2017）。因此，管理层有动机不去投资这些高风险的项目。纵观我国企业尤其是国有企业管理层薪酬历史，长期以来，管理层薪酬通常以工资和奖金等短期薪酬政策为主，长期激励机制缺失，这也就促使他们更多地专注于能够增加短期业绩的项目（Wright et al.，2007；Huang et al.，2013），而舍弃那些有利于企业

风险承担：
现代企业发展之道

长期价值增加的风险承担型项目的投资[①]。以短期薪酬为主的激励机制导致了我国企业长期以来风险承担意识普遍不足，同时，我国企业管理层（特别是国有企业）过高的现金薪酬越来越受到社会各方面的质疑[②]。在管理薪酬与企业短期业绩相联系的情况下，为提升业绩以获取更多薪酬，管理层会放弃研发投资等周期长、风险较高的投资项目（即使其预期净现值为正）。其原因是管理层任期是有限的，即使这些高风险项目成功，在产生利润和现金流入时，管理层也可能已经变更，变成"为他人做嫁衣裳"（张洪辉和章琳一，2017）。同时，高风险承担项目短期会产生大量支出，进而减少企业业绩，不利于管理层短期薪酬水平的提高。在管理层薪酬主要与短期业绩相联系的现实背景下，薪酬契约会导致企业行为短期化，不利于企业风险承担水平的提高。同时，对于管理层而言，一般只服务于一家企业，他们将所有的精力都投入单个企业，自己所承担的风险与服务企业的风险息息相关，因此管理层通常表现为风险规避者。高额的货币薪酬将其自身利益与企业成败紧密相连，是管理层厌恶风险的根源（石大林，2015）。管理层的货币薪酬一般比较固定，他们不会因为超额完成绩效而获得超额的报酬，相反，他们去尝试高风险投资

[①] 风险承担行为一旦失败，将导致企业对管理层的信任危机和职业风险；同时，风险承担行为存在着较大的失败风险和较高的短期成本，往往会对企业的短期业绩造成较大冲击，有损管理层当前能够获得的收益。

[②] 2007 年深圳发展银行董事长纽曼以 2285 万元年薪创下当时管理层薪酬记录，2009 年中国平安人寿保险股份集团常务副总经理梁家驹以 2859.21 万元位列上市公司管理层薪酬之最，加上当时媒体对"天价薪酬"问题的关注，过高的薪金薪酬问题受到越来越多的质疑。在此背景下，财政部于 2009 年出台限薪令，规定国有企业负责人总薪酬最高不得超过 280 万元，中国银行业监督管理委员会也于 2010 年年初下发《商业银行稳健薪酬监管指引》，对银行业管理层薪酬做出进一步规范指引。

的成本却很高。管理层会为了自己的声誉和个人职位,做出风险厌恶的决策。因此,当货币薪酬水平较高时,货币薪酬已经不再是一种激励,而是属于管理层的一种福利。在此基础上,提出如下假设。

假设 1:管理层货币薪酬与企业风险承担水平呈现负相关关系。

3.1.2　管理层股权影响分析

在解决与管理层风险相关的代理问题时,激励机制尤其是将管理层收益与企业未来业绩相联系的长期激励机制(如股权)发挥着关键作用(Gao and Sudarsanam,2005;李小荣和张瑞君,2014)。股权激励是一种管理层利益与股东利益相一致的很好的机制(王栋和吴德胜,2016)。作为一类典型的长期激励工具,股权激励的核心在于通过授予管理层股权的方式使得管理层与企业利润共享、风险共担,进而促使管理层有动力按照企业利益最大化的原则来经营,以减少或消除管理层短期行为,有助于协调管理层行为与企业股东利益相一致进而达到激励相容,并促使管理层愿意承担更多的风险(Jensen and Meckling,1976;吕长江 等,2009;Ederer and Manso,2013)。

作为解决管理层代理问题的重要工具,从剩余索取权与经营权的匹配来看,股权激励促使管理层利益与企业股东利益趋于一致,减少了管理层追求私有收益的行为,而管理层追求私有收益的动机显著降低了企业风险承担水平(John et al.,2008;Kim and Lu,2011)。从信息不对称的角度来看,由于类似中国这样的经济转型国家的信息不对称程度更为严重（Kim et al.，2004），而股权激励降低了管理层信息不对称的程度（Holmstrom，1986），所以对管理层进行股权激励就显得更为重要，这有利于管理层解决风险规避倾向问题，提高企业风险承担水平。同时，信号传递理论也认为当管理层持股比例较大时，会向外界传递不会攫取企业资源和侵占股东利益的可信信号（理性的管理者通常不会损害自身财富）（Gomes，2000；Chan et al.，2008；Fahlenbrach and Stulz，2009），这种"声誉"效应有利于企业风险承担水平的提高。因此，股权激励是减少管理层与股东利益冲突的有效方法，是解决代理问题的有效途径。当管理层也是股东（拥有全部股权）时，就不存在经营权与所有权的分离了，企业的代理成本也就降低为零（Jensen and Meckling，1976）。

Wright 等（2007）发现与固定的薪酬激励相比，股权激励对于管理层的价值随着企业价值的变化而变动，更能激励管理层的风险承担行为。宋建波和田悦（2012）研究发现我国企业管理层持股比例普遍处于相对较低的水平，远低于"趋同效应"和"壕沟效应"的临界点25%的管理层持股水平，因此我国上市公司管理层持股发挥的主要是利益趋同效应。已有的研究文献也表明授予管理层权益基础上的薪酬有助于解决其风险规避倾向问题，增强风险容忍度，促使管理层更注重企业长期利益，进而提高企业风险承担水平（Low，2009；Huang et al.，2013；苏坤，2015）。Kim 和 Buchanan（2011）发现提高管理层股权有助于其从上涨的企业股价中获取更多收益，进而促使管理层具有更强的动机去采纳有利于提高企业价值的高风险型投资项目。Casavecchia 和 Suh（2017）发现管理层薪酬对企业股价的敏感性促使企业提高风险承担水平，在权益基础上的薪酬激励的确达到了激励股东与管理层利益相一致的目的。由于股票期权在中国运用较少，在上市公司采用管理层持股相对较为普遍（李小荣和张瑞君，2014），因此，本部分主要验证管理层股权对企业风险承担水平的影响。在此基础上，提出如下假设。

假设2：管理层股权与企业风险承担水平呈现正相关关系。

3.1.3 管理层权力影响分析

管理层权力是指管理层执行自身意愿的能力，代表着其能够克服阻力对企业施加各种决策的影响力，决定着管理层在企业中的话语权，是企业决策和战略选择中的关键因素（Finkelstein，1992；Finkelstein et al.，2009；宋建波 等，2018）。管理层处于企业决策程序组织结构中的核心地位。管理层权力越大，其话语权越大，话语也就越有分量，企业的决策也就能够更多地体现管理层的意愿（卢锐，2008）。我国"学而优则仕"的传统思想，体现出极强的崇尚权力、追逐权力的文化特征，权力至高无上的烙印对我国的社会、经济生活造成了深刻的影响（宋建波 等，2018）。具体到企业，企业管理层尤其是CEO，运用自身权力对企业经营和财务决策造成了显著的影响，管理层权力对企业经营的影响逐渐成为当前企业治理领域的新话题。

权力意味着较多的资源和较少的约束力，不仅直接影响管理层执行自身意愿的能力，还间接影响管理层的心态和心理。也就是说，当管理层拥有的权力不同时，其对待同一个事物的态度和看法（关注的侧重点）

会有很大的区别。在此基础上，基于社会心理学的权力接近/抑制理论充分考虑了管理层的心理，整合了上述思想。Keltner 等（2003）使用接近/抑制理论整合了权力所产生的不同类型结果，其认为提高权力可以激发"行为接近系统"，这时管理层主要关注行为的正面产出，如奖酬、不受约束的特质性行为等[9]；降低权力可以激发"行为抑制系统"，这时管理层会将注意力转移到避免负面产出方面（Anderson and Berdahl，2002）。不同的系统发挥作用会使管理层对待风险承担的态度不同（Lewellyn and Muller-Kahle，2012）。权力的接近/抑制理论的核心在于拥有权力意味着拥有更多的资源和较少的约束，使权力型管理层很少注意来自环境和竞争者的威胁（Magee et al.，2007）。将上述理论与企业风险承担结合起来，提高管理层权力能够引致"行为接近系统"，进而使管理层注重风险承担所能带来的潜在利益，忽视其潜在损害（风险）（Anderson and Berdahl，2002；Magee and Galinsky，2008）。李海霞和王振山（2015）运用"行为决策理论"分析认为在复杂的决策环境和信息不对称条件下，决策权力越集中，风险承担水平可能就越高。因而，管理层权力可能会提高企业风险承担水平。

李海霞（2017）发现 CEO 权力的集中会强化企业机会主义行为，管理层也会利用决策和管理权谋取个人利益，从而忽视可能面临的风险。首先，拥有权力能够增加管理层对风险感知的自信和乐观程度，其对外部投资环境的评价也更为乐观，由于他们自认为能够更准确地判断和控制投资项目，所以在进行投资项目选择时会表现出更强的风险偏好，也可能导致风险承担倾向（Anderson and Galinsky，2006；余明桂 等，2013a）。其次，根据群体决策理论，当管理层权力较小时，其他管理层团队的制衡作用将很大，企业将采纳更多的中庸决策；当管理层权力较大时，其对企业决策的影响力就越大，与其他管理层妥协合作的可能性也就越小，就越有可能做出极端决策（Adams et al.，2005），风险承担决策也就更可能通过。同时，管理层权力的增大能够提高组织领导和运行的效率，也有利于促进风险承担决策（张三保和张志学，2012）。综上所述，权力较大的管理层会提高企业风险承担水平，因此本书提出如下假设。

假设3：管理层权力与企业风险承担水平呈现正相关关系。

3.1.4 管理层薪酬差距影响分析

锦标赛理论认为薪酬差距能够提高员工的工作积极性，扩大薪酬差距能够使员工为获取晋升或获得更高的工资而努力工作，进而提升企业业绩（Lazear and Rosen，1981）。该理论主张根据工作业绩来晋升激励员工。同理，将该理论运用到管理层，管理层为提升自身业绩，也可能会进行风险型的投资项目，以获取更大收益。在管理层选拔晋升时，很难判断业绩表现是由管理层能力带来的，还是由其采纳更大风险项目带来的，业绩表现的排名也就作为统一的晋升排名标准进行选拔。薪酬差距越大，晋升激励的动机就越强，管理层薪酬差距也通常被用来作为管理层晋升激励的衡量指标，通过扩大管理层团队内部薪酬差距还可以使晋升激励更为有效（朱晓琳和方拥军，2018）。与股票期权类似，管理层晋升激励具有有效性，能够减少管理层风险规避倾向，进而促使企业采纳更多的风险型投资项目，提高企业风险承担水平（张洪辉和章琳一，2016）。Kini 和 Williams（2012）也发现管理层晋升激励能够促使企业采纳更多的风险型投资项目。同时，薪酬差距对管理层具有很强的激励效应，管理层薪酬差距与企业绩效的正相关性得到了国内外大多数学者的验证（姜兴坤，2016）。总体而言，在锦标赛理论和晋升激励理论下，基于业绩表现来判定晋升次序的标准会造成管理层之间的竞争，进而促使其采纳更高风险型的投资，以获取较好的业绩。管理层薪酬差距的适度扩大会促进企业风险承担水平的提高，因此本书提出如下假设。

假设 4：管理层薪酬差距与企业风险承担水平呈现正相关关系。

3.2　研究设计

3.2.1　变量设计

1）被解释变量设计

本书的被解释变量是对企业风险承担水平的衡量。借鉴 John 等（2008）、Faccio 等（2011）、李文贵和余明桂（2012）的研究，本书同时采用如下三种方法衡量企业风险承担水平。

① 采用资产收益率的波动性来衡量企业风险承担水平（CRT1）（经

行业和年度均值调整后，不细分制造业）。

首先，采用如下模型（1）计算经行业（不细分制造业）和年度均值调整后的资产收益率：

$$\text{AdjROA}_{ijt} = \frac{\text{EBIT}_{ijt}}{A_{ijt}} - \frac{1}{n_{jt}}\left(\sum_{k=1}^{n_{jt}}\frac{\text{EBIT}_{ijt}}{A_{ijt}}\right) \quad (1)$$

然后，以 5 年作为一个观测时段（$T=5$），采用滚动计算的方式计算该时段内经行业和年度均值调整后的资产收益率的标准差，将其作为企业风险承担的第一种衡量方式。计算公式如模型（2）所示：

$$\text{CRT1}_{it} = \sqrt{\frac{1}{T-1}\sum_{t=1}^{T}\left(\text{AdjROA}_{ijt} - \frac{1}{T}\sum_{t=1}^{T}\text{AdjROA}_{ijt}\right)^2} \quad (2)$$

其中，AdjROA_{ijt} 表示经行业和年度均值调整后的资产收益率（不细分制造业），EBIT 表示息税前利润，A 表示期初资产总额，下标 i、j 和 t 分别表示企业、行业和年度，n 表示在第 t 年度 j 行业中的企业数。

② 采用经行业（细分制造业）和年度均值调整后的资产收益率的波动性来衡量企业风险承担水平（CRT2），其计算方法与第一种计算方法相同（只需要在进行资产收益率指标调整时按照细分制造业行业来调整）。

③ 采用在一个观测时段（$T=5$）内，资产收益率（经行业和年度均值调整后）最大值与最小值的差额来衡量企业风险承担水平（CRT3），计算公式如模型（3）所示：

$$CRT3_{it} = Max(AdjROA_{ijt}, AdjROA_{ijt+1}, \cdots, AdjROA_{ijt+T}) - Min(AdjROA_{ijt}, AdjROA_{ijt+1}, \cdots, AdjROA_{ijt+T}) \quad (3)$$

2）解释变量设计

本部分的解释变量主要涉及对管理层货币薪酬、管理层股权、管理层权力、管理层薪酬差距的衡量。

借鉴国内大多数文献对管理层货币薪酬的衡量方式，本部分采用前三名管理层（包括董事、监事和经理层）货币薪酬总额的自然对数来反映管理层货币薪酬激励程度（Msalary）。

借鉴李小荣和张瑞君（2014）的研究，本书使用企业高级管理层（包括 CEO、总裁、副总经理和年报上公布的其他高级管理层）总计持有的企业股份数（有兼任情况时不重复计算持股数量）占企业期末总股份的比例来衡量管理层的股权激励程度（持股比例）（Mequity）。

当 CEO 与董事长两职合一（兼任）时，管理层的权力相对较大。因此，借鉴王克敏和王志超（2007）、吴卫华等（2014）的研究，本书使用 CEO 与董事长的两职兼任情况来衡量管理层权力（Power），当 CEO 兼任董事长时，该变量取值为 1，否则为 0。

管理层薪酬差距是指不同管理层间薪酬差异程度。结合前人的研究成果和数据可得性，本书采用董事、监事及管理层前三名薪酬均值与其他管理层薪酬均值的比值作为管理层薪酬差距的第一个衡量指标（Mgap1）。采用董事、监事及管理层前三名薪酬均值和其他管理层薪酬均值之差与期末总资产的比值作为企业管理层薪酬差距的第二个衡量指标（Mgap2）。出于稳健性的考虑，本书同时使用上述两个衡量指标。

3）控制变量

在前人的研究基础上（John et al.，2008；Faccio et al.，2011；李文贵和余明桂，2012），选取以下控制变量。①企业规模（Size），使用资产总额的自然对数表示企业规模。②资本结构（Lev），使用企业期末总负债与总资产的比值衡量企业资本结构水平。③盈利能力（ROA），使用息税前利润与年末资产总额的比值（资产收益率）来衡量企业盈利能力。④成长性（Tobin'Q），使用 Tobin'Q 值来衡量企业成长性（其中，对于非流通股市值的衡量采用其面值来替代）。⑤资产有形性（Tang），使用期末固定资产净额与资产总额的比值来衡量企业资产有形性。⑥上市年限（Age），使用 1 加上市年限之后的自然对数值来衡量上市年限长短。同时，本书在回归时还控制了行业差异和年度差异（使用虚拟变量表示）。

变量定义明细表如表 3-1 所示。

表 3-1 变量定义明细表

变量类型	变量名称	变量标识	定义或计算公式
被解释变量	风险承担水平	CRT1	经行业和年度均值调整后的资产收益率的波动性（不细分制造业）
	风险承担水平	CRT2	经行业和年度均值调整后的资产收益率的波动性（细分制造业）
	风险承担水平	CRT3	观测阶段内行业和年度调整后资产收益率最大值与最小值之差
解释变量	管理层货币薪酬	Msalary	管理层前三名货币薪酬总额的自然对数
	管理层股权	Mequity	管理层持股股数/期末总股数

续表

变量类型	变量名称	变量标识	定义或计算公式
解释变量	管理层权力	Power	当总经理与董事长兼任时,取值为1,否则为0
	管理层薪酬差距	Mgap1	管理层前三名薪酬均值与其他管理层薪酬均值的比值
控制变量	企业规模	Size	资产总额的自然对数
	资本结构	Lev	总负债/总资产
	盈利能力	ROA	2×净利润/(总资产期初余额+总资产期末余额)
	成长性	Tobin'Q	(总负债+流通股市值+每股净资产×非流通股股数)/总资产
	资产有形性	Tang	固定资产净值/总资产
	上市年限	Age	上市年限加1后的自然对数值来衡量
	行业差异（虚拟变量）	$Industry_k$	当企业属于行业k时,该虚拟变量取1,否则为0
	年度差异（虚拟变量）	$YEAR_k$	当企业属于年度k时,该虚拟变量取1,否则为0

3.2.2 样本与数据来源

本研究以我国沪、深两市2004—2016年A股上市公司为研究对象,并按照以下标准进行筛选。①鉴于金融类企业财务状况和风险承担方面的特殊性,剔除金融、保险类行业上市公司；②鉴于中小板和创业板的独特性,剔除中小板和创业板上市公司及当年上市的样本；③由于特殊处理、特别转让类企业的财务状况异常,剔除在样本期间被特殊处理、特别转让的企业；④剔除相关变量具有极端值的样本,如所有者权益为负；⑤剔除资料不全或缺少相关数据资料的样本。如前所述,本书以5年为一个观测阶段,采用年度滚动的方式来计算企业风险承担水平,所以本书对于样本的筛选也是以5年为一个观测阶段来进行筛选的。经过筛选，本研究共得到 2004—2016 年 10035 个样本观测值，每个观测阶段的样本分布情况如表 3-2 所示。本研究对所有连续变量进行了上下 1% 的 Winsorize（缩尾）处理，以消除有关极端值的不利影响。本研究所用财务数据主要来源于中国股票市场交易数据库（CSMAR）及上市公司年报等。根据中国证券监督管理委员会 2001 年颁布和实施的《上市公司行业分类指引》，我国上市公司行业共分为 13 大类，其中由于制造业样本数量较多，本书对制造业进一步按二级代码分类标准细分为 10 小类。由于本书样本不包含金融保险类企业，因此最终按照 21 个行业（制造业按二级代码分类）对样本进行分类。样本企业行业分布表如表 3-3 所示。本研究的数据分析主要采用 STATA 12.0 软件。

表 3-2 每个观测阶段的样本分布情况

观测阶段	2004—2008年	2005—2009年	2006—2010年	2007—2011年	2008—2012年	2009—2013年	2010—2014年	2011—2015年	2012—2016年	合计
观测量/个	1071	1122	1121	1113	1110	1108	1104	1125	1161	10035

表 3-3 样本企业行业分布表

序　号	行　业	样　本　数	比例（%）
A	农、林、牧、渔业	175	1.74
B	采掘业	413	4.12
C	制造业	—	—
C0	食品、饮料	498	4.96
C1	纺织、服装、皮毛	209	2.08
C2	木材、家具	54	0.54
C3	造纸、印刷	133	1.33

续表

序　号	行　业	样　本　数	比例（%）
C4	石油、化学、塑胶、塑料	961	9.58
C5	电子	388	3.87
C6	金属、非金属	788	7.85
C7	机械、设备、仪表	1341	13.36
C8	医药、生物制品	614	6.12
C9	其他制造业	35	0.35
D	电力、煤气及水的生产和供应业	637	6.35
E	建筑业	255	2.54
F	交通运输、仓储业	399	3.98
G	信息技术业	541	5.39
H	批发和零售贸易	920	9.17
J	房地产业	876	8.73
K	社会服务业	401	4.00
L	传播与文化产业	194	1.93
M	综合类	203	2.02
	合计	10 035	100

3.2.3　研究模型

采用如下模型运用多元回归分析法来分别依次检验本书所提假设：

$$CRT_{it}=\alpha_0 + \beta_1 X_{it} +\beta_2 Size_{it}+\beta_3 Lev_{it}+\beta_4 ROA_{it} +\beta_5 Tobin'Q_{it} + \beta_6 Tang_{it} + \beta_7 Age_{it} + \beta_8 Industry_k + \beta_7 YEAR_k +\varepsilon_{it} \quad (4)$$

其中，CRT 表示企业风险承担，本书依次采用 CRT1、CRT2 和 CRT3 三种企业风险承担衡量方式；α_0 表示截距项；β 表示回归系数；ε 表示误差项；i 表示企业；t 表示时段；X_{it} 表示要检验的管理层特征相关变量。如果 β_1 的系数显著为正，则表明相关变量提高了企业风险承担水平；否则，相关变量降低了企业风险承担水平。

3.3 实证研究

3.3.1 描述性统计分析

描述性统计分析表如表 3-4 所示。其中，管理层货币薪酬和管理层权力的变量有部分缺失值。从表 3-4 中可以看出，企业风险承担水平 CRT1、CRT2 和 CRT3 的标准差（均值）依次为 0.034（0.039）、0.034（0.039）和 0.082（0.096），表明各企业间风险承担水平存在一定的差异。前三位管理层货币薪酬（第一行为取对数之后的值，第二行为前三位管理层的薪酬水平，单位为万元）平均为 117.45 万元，最小值仅为 13.93 万元，最大值为 477.4 万元，表明我国上市公司管理层货币薪酬存在着较大的差距。我国上市公司管理层股权激励程度整体较低，管理层持股比例平均仅为 0.1%，且各企业间差异较大。大约有 12.9%的上市公司存在着董事长与总经理兼任的情况。管理层前三名薪酬大约是其他管理层薪酬均值的 3.854 倍，最高达 16.108 倍。全体样本企业的资产负债率均值为 0.537，总体处于一种比较折中的资本结构状态。企业资产收益率最小值为-0.237，最大值为 0.159，平均值为 0.025，说明我国上市公司整体盈利能力不强。从反映成长性的 Tobin'Q 指标来看，各企业成长性也具有较大差异。上市公司平均上市年限为 10.340 年。

表 3-4 描述性统计分析表

变量	观测量	均值	标准差	最小值	最大值
CRT1	10035	0.039	0.034	0.006	0.150
CRT2	10035	0.039	0.034	0.006	0.149
CRT3	10035	0.096	0.082	0.014	0.366
Msalary	8903	13.668 万元	0.830 万元	11.590 万元	15.692 万元
	8903	117.450 万元	97.602 万元	13.930 万元	477.400 万元
Mequity	10035	0.001	0.007	0.000	0.109
Power	8883	0.129	0.335	0.000	1.000
Mgap1	8712	3.854	2.250	1.567	16.108
Mgap2	8712	0.000138	0.000174	0.0000033	0.001099
Size	10035	21.592	1.151	19.150	24.658
Lev	10035	0.537	0.210	0.105	1.111
ROA	10035	0.025	0.067	−0.237	0.159
Tobin'Q	10035	1.823	1.178	0.954	7.687
Tang	10035	0.284	0.187	0.003	0.722
Age	10035	2.346	0.440	0.693	3.126
	10035	10.340	4.094	1.984	18.775

3.3.2 相关性检验

本部分所研究各变量之间的 Pearson 相关性检验表如表 3-5 所示，从该表可以看出，反映企业风险承担水平的三个指标（CRT1、CRT2 和 CRT3）均在 1%的水平上与管理层货币薪酬（Msalary）显著负相关，表明管理层货币薪酬越高，企业风险承担水平越低，初步验证了假设 1。企业风险承担水平与管理层股权（Mequity）显著负相关，与假设 2 并不一致，但这是在没有控制其他变量情况下的简单相关分析。反映企业风险承担水平的三个指标（CRT1、CRT2 和 CRT3）均在 1%的水平上与管理层权力（Power）显著正相关，表明管理层权力越大，企业风险承担水平越高，假设 3 得到初步验证。反映企业风险承担水平的三个指标（CRT1、CRT2 和 CRT3）均在 1%的水平上与反映管理层薪酬差距（Mgap）的两个指标显著正相关，表明管理层薪酬差距越大，企业风险承担水平就越高，管理层薪酬差距的扩大激励了管理层从事风险承担的活动，假设 4 得到初步验证。

从控制变量来看，企业规模（Size）与反映企业风险承担水平的三个指标（CRT1、CRT2 和 CRT3）均在 1%的水平上显著负相关，说明小企业倾向于承担更高的风险水平。资本结构（Lev）与反映企业风险承担水平的三个指标（CRT1、CRT2 和 CRT3）均在 1%的水平上显著正相关，表明负债水平更高的企业更倾向于冒险。盈利能力（ROA）与企业风险承担水平显著负相关，说明盈利能力越差的企业其风险承担水平越高，越期望通过风险承担行为来改善企业的盈利状况。成长性（Tobin'Q）与企业风险承担显著正相关，成长机会越多的企业越倾向于提高风险承担水平以充分利用投资机会。资产有形性（Tang）对企业风险承担水平具有显著的负向影响。上市年限（Age）越长，企业风险承担水平越高。在前述所建立各模型中所涉及的自变量之间，相关性系数绝对值整体较小，呈现弱相关关系，可以认为前述所建立各模型基本不存在多重共线性问题，各变量可以同时放入一个模型进行多元回归分析。

表 3-5 各变量之间的 Pearson 相关性检验表

	CRT1	CRT2	CRT3	Msalary	Mequity	Power	Mgap1	Mgap2	Size	Lev	ROA	Tobin'Q	Tang	Age
CRT1	1.000													
CRT2	0.995***	1.000												
CRT3	0.989***	0.994***	1.000											
Msalary	-0.310***	-0.310***	-0.309***	1.000										
Mequity	-0.030***	-0.030***	-0.030***	0.076***	1.000									
Power	0.090***	0.094***	0.094***	-0.023**	0.018*	1.000								
Mgap1	0.082***	0.083***	0.086***	0.112***	0.016	0.079***	1.000							
Mgap2	0.216***	0.219***	0.220***	0.179***	-0.001	0.105***	0.363***	1.000						
Size	-0.358***	-0.363***	-0.363***	0.505***	0.060***	-0.093***	-0.139***	-0.555***	1.000					
Lev	0.255***	0.255***	0.256***	-0.066***	-0.022**	0.014	0.004	-0.073***	0.106***	1.000				
ROA	-0.445***	-0.446***	-0.442***	0.328***	0.038***	-0.050***	-0.016	-0.041***	0.235***	-0.397***	1.000			
Tobin'Q	0.207***	0.208***	0.204***	-0.046***	-0.002	0.075***	0.118***	0.511***	-0.369***	-0.041***	0.057***	1.000		
Tang	0.059***	0.056***	0.056***	-0.183***	-0.046***	-0.035***	-0.055***	-0.110***	0.029***	-0.001	-0.082***	-0.106***	1.000	
Age	0.028***	0.030***	0.029***	0.158***	-0.109***	0.025**	0.068***	0.103***	0.077***	0.129***	-0.032***	0.203***	-0.147***	1.000

注：***、** 和 * 分别表示在 1%、5% 和 10% 水平上显著；相关变量进行了上下 1% 的缩尾。

3.3.3 多元回归分析

1）管理层货币薪酬与企业风险承担水平间关系的验证

表 3-6 描述的是在控制其他变量的情况下，管理层货币薪酬与企业风险承担水平间关系的多元回归分析结果，本部分运用普通最小二乘法根据模型（4）来验证假设 1。CRT1（1）列表示了对被解释变量 CRT1 的回归结果，该结果显示在控制其他影响企业风险承担水平因素的情况下，管理层货币薪酬（Msalary）的回归系数为-0.002，且在 1%的水平上显著。CRT2（2）列表示了对被解释变量 CRT2 的回归结果，该结果显示管理层货币薪酬（Msalary）的回归系数为-0.002，且在 1%的水平上显著。CRT3（3）列表示了对被解释变量 CRT3 的回归结果，该结果显示管理层货币薪酬（Msalary）的回归系数为-0.004，且在 1%的水平上显著。上述回归系数符号与预期符号一致，检验结果均表明高额的短期货币薪酬是管理层厌恶风险的根源，为了保护其短期利益，他们会做出风险规避决策，倾向于降低企业风险承担水平。在控制了其他影响企业风险承担因素的情况下，管理层货币薪酬（Msalary）与企业风险承担水平显著负相关，过高的管理层货币薪酬降低了企业风险承担水平，假设 1 得到验证。

从表 3-6 的控制变量对企业风险承担的影响来看，企业规模与企业风险承担水平显著负相关，规模越小的企业风险承担水平越高；资本结构与企业风险承担水平显著正相关；盈利能力与企业风险承担水平显著负相关，盈利能力越差的企业其风险承担水平越高，越期望通过风险承担行为来改善企业的盈利状况；成长性与企业风险承担水平显著正相关，成长机会越多的企业越倾向于提高风险承担水平以充分利用投资机会；资产有形性对企业风险承担水平具有显著的负向影响；上市年限与企业风险承担水平显著正相关，上市年限越长，企业风险承担水平越高。上述影响与余明桂等（2013b）、张瑞君等（2013）的研究基本一致，说明企业基本特征对风险承担水平具有重要影响。

表 3-6 管理层货币薪酬与企业风险承担水平

	CRT1 （1）	CRT2 （2）	CRT3 （3）
常数项	0.160***	0.165***	0.385***
	(8.971)	(9.387)	(9.022)
Msalary	−0.002***	−0.002***	−0.004***
	(−4.206)	(−4.125)	(−3.810)
Size	−0.005***	−0.005***	−0.014***
	(−14.724)	(−15.570)	(−15.863)
Lev	0.027***	0.026***	0.065***
	(16.812)	(16.903)	(17.306)
ROA	−0.154***	−0.152***	−0.359***
	(−29.538)	(−29.547)	(−28.808)
Tobin'Q	0.006***	0.005***	0.012***
	(17.638)	(17.198)	(16.653)
Tang	0.006***	0.006***	0.015***
	(3.417)	(3.285)	(3.459)
Age	0.004***	0.004***	0.011***
	(5.462)	(5.541)	(5.690)
Industry	Yes	Yes	Yes
YEAR	Yes	Yes	Yes
Adj-R^2	0.345	0.348	0.344
F 值	181.25***	183.47***	180.74***
观测量/个	8903	8903	8903

注：( ) 内表示 t 值；*、**、***分别表示在10%、5%和1%水平上显著；相关变量进行了上下1%缩尾。

2）管理层股权与企业风险承担水平间关系的验证

表 3-7 描述的是在控制其他变量的情况下，管理层股权与企业风险承担水平间关系的多元回归分析结果，本部分运用普通最小二乘法根据模型（4）来验证假设 2。CRT1（1）列表示了对被解释变量 CRT1 的回归结果，该结果显示在控制其他影响企业风险承担水平因素的情况下，管理层股权（Mequity）的回归系数为 0.084，且在 5%的水平上显著。CRT2（2）列表示了对被解释变量 CRT2 的回归结果，该结果显示管理层股权（Mequity）的回归系数为 0.084，且在 5%的水平上显著。CRT3（3）列表示了对被解释变量 CRT3 的回归结果，该结果显示管理层股权（Mequity）的回归系数分别为 0.209，且在 5%的水平上显著。上述回归系数符号与预期符号一致，检验结果均表明管理层股权（Mequity）有助于减少管理层的风险规避倾向，增强风险容忍度，促使管理层更注重企业长期利益，减少企业代理问题，进而提高企业风险承担水平，管理层股权（Mequity）与企业风险承担水平显著正相关，假设 2 得到验证。控制变量对企业风险承担水平的影响与前文分析一致。

表 3-7 管理层股权与企业风险承担水平

	CRT1 （1）	CRT2 （2）	CRT3 （3）
常数项	0.144***	0.149***	0.365***
	(20.062)	(21.028)	(21.302)
Mequity	0.084**	0.084**	0.209**
	(1.988)	(2.025)	(2.080)
Size	−0.006***	−0.006***	−0.015***
	(−18.290)	(−19.233)	(−19.365)
Lev	0.026***	0.026***	0.065***

续表

	CRT1 （1）	**CRT2** （2）	**CRT3** （3）
	(17.283)	(17.399)	(17.893)
ROA	−0.167***	−0.165***	−0.390***
	(−34.241)	(−34.245)	(−33.384)
Tobin'Q	0.005***	0.005***	0.012***
	(17.475)	(17.033)	(16.547)
Tang	0.005***	0.005***	0.013***
	(3.138)	(2.951)	(3.029)
Age	0.005***	0.005***	0.013***
	(6.549)	(6.624)	(6.725)
Industry	Yes	Yes	Yes
YEAR	Yes	Yes	Yes
Adj-R^2	0.345	0.348	0.345
F 值	204.32***	207.07***	204.39***
观测量/个	10035	10035	10035

注：（ ）内表示 t 值；*、**、***分别表示在10%、5%和1%水平上显著；相关变量进行了上下1%缩尾。

3）管理层权力与企业风险承担水平间关系的验证

表 3-8 描述的是在控制其他变量的情况下，管理层权力与企业风险承担水平间关系的多元回归分析结果，本部分运用普通最小二乘法根据模型（4）来验证假设 3。CRT1（1）列表示了对被解释变量 CRT1 的回归结果，该结果显示在控制其他影响企业风险承担水平因素的情况下，管理层权力（Power）的回归系数为 0.004，且在 1%的水平上显著。CRT2（2）列表示了对被解释变量 CRT2 的回归结果，该结果显示管理层权力（Power）的回归系数为 0.004，且在 1%的水平上显著。CRT3（3）列表示了对被解释变量 CRT3 的回归结果，该结果显示管理层权力（Power）的回归系数分别为 0.009，且在 1%的水平上显著。上述回归系数符号与

预期符号一致，检验结果均表明提高管理层权力能够激发"行为接近系统"，增强管理层的自信和乐观程度，进而使管理层注重风险承担所能带来的潜在利益，忽视其潜在损害，提高管理层权力则会提高企业风险承担水平；降低管理层权力则会激发"行为抑制系统"，这时管理层会将注意力转移到避免风险承担的负面产出方面，夸大了其风险性，进而降低企业风险承担水平，管理层权力与企业风险承担水平显著正相关，假设3得到验证。控制变量对企业风险承担水平的影响与前文分析一致。

表 3-8 管理层权力与企业风险承担水平

	CRT1 （1）	CRT2 （2）	CRT3 （3）
常数项	0.140***	0.144***	0.353***
	(18.628)	(19.492)	(19.759)
Power	0.004***	0.004***	0.009***
	(4.151)	(4.548)	(4.539)
Size	−0.006***	−0.006***	−0.014***
	(−17.139)	(−17.963)	(−18.108)
Lev	0.027***	0.026***	0.065***
	(16.628)	(16.601)	(16.995)
ROA	−0.159***	−0.157***	−0.371***
	(−30.612)	(−30.710)	(−29.929)
Tobin'Q	0.005***	0.005***	0.012***
	(17.278)	(16.882)	(16.366)
Tang	0.007***	0.006***	0.016***
	(3.729)	(3.549)	(3.740)
Age	0.005***	0.004***	0.011***
	(5.563)	(5.604)	(5.655)
Industry	Yes	Yes	Yes
YEAR	Yes	Yes	Yes

风险承担:
现代企业发展之道

续表

	CRT1 （1）	CRT2 （2）	CRT3 （3）
Adj-R^2	0.335	0.339	0.335
F 值	173.31***	175.92***	173.38***
观测量/个	8883	8883	8883

注：（ ）内表示 t 值；*、**、***分别表示在10%，5%和1%水平上显著；相关变量进行了上下1%缩尾。

4）管理层薪酬差距与企业风险承担水平间关系的验证

表 3-9 描述的是在控制其他变量的情况下，管理层薪酬差距与企业风险承担水平间关系的多元回归分析结果，本部分运用普通最小二乘法根据模型（4）来验证假设 4。CRT1（1）列和 CRT1（4）列分别表示了管理层薪酬差距的两个指标对被解释变量 CRT1 的回归结果，在控制其他影响企业风险承担水平因素的情况下，反映管理层薪酬差距的两个指标（Mgap）的回归系数分别为 0.00040 和 4.28534，且分别在 1%和 10%的水平上显著。CRT2（2）列和 CRT2（5）列分别表示了管理层薪酬差距的两个指标对被解释变量 CRT2 的回归结果，在控制其他影响企业风险承担水平因素的情况下，反映管理层薪酬差距的两个指标（Mgap）的回归系数分别为 0.00039 和 4.12857，且分别在 1%和 10%的水平上显著。CRT3（3）列和 CRT3（6）列分别表示了管理层薪酬差距的两个指标对被解释变量 CRT3 的回归结果，在控制其他影响企业风险承担水平因素的情况下，反映管理层薪酬差距的两个指标（Mgap）的回归系数分别为 0.00109 和 13.12119，且分别在 1%和 5%的水平上显著。上述回归系数符号与预期符号一致，检验结果均表明管理层薪酬差距的扩大有利于增强其晋升激励动机，进而促使其采纳更高风险型的投资以获取较好的业

绩，提高了企业风险承担水平。管理层薪酬差距与企业风险承担显著正相关，符合锦标赛理论和晋升激励理论的预期，假设4得到验证。控制变量对企业风险承担水平的影响与前文分析一致。

表3-9 管理层薪酬差距与企业风险承担水平

	CRT1 （1）	CRT2 （2）	CRT3 （3）	CRT1 （4）	CRT2 （5）	CRT3 （6）
常数项	0.11829***	0.12400***	0.30515***	0.11545***	0.12132***	0.29511***
	(5.653)	(6.014)	(6.096)	(5.450)	(5.812)	(5.823)
Mgap1	0.00040***	0.00039***	0.00109***			
	(3.047)	(3.024)	(3.437)			
Mgap2				4.28534*	4.12857*	13.12119**
				(1.888)	(1.845)	(2.416)
Size	−0.00564***	−0.00584***	−0.01427***	−0.00543***	−0.00564***	−0.01360***
	(−16.819)	(−17.675)	(−17.796)	(−14.688)	(−15.480)	(−15.379)
Lev	0.02525***	0.02497***	0.06191***	0.02524***	0.02495***	0.06183***
	(15.620)	(15.673)	(16.008)	(15.598)	(15.653)	(15.975)
ROA	−0.16095***	−0.15875***	−0.37583***	−0.16142***	−0.15920***	−0.37732***
	(−30.608)	(−30.637)	(−29.877)	(−30.622)	(−30.649)	(−29.923)
Tobin'Q	0.00534***	0.00512***	0.01198***	0.00517***	0.00496***	0.01146***
	(16.722)	(16.279)	(15.687)	(15.288)	(14.884)	(14.154)
Tang	0.00714***	0.00682***	0.01743***	0.00704***	0.00672***	0.01720***
	(3.888)	(3.769)	(3.971)	(3.837)	(3.717)	(3.918)
Age	0.00456***	0.00456***	0.01126***	0.00470***	0.00470***	0.01164***
	(5.515)	(5.598)	(5.694)	(5.687)	(5.768)	(5.890)
Industry	Yes	Yes	Yes	Yes	Yes	Yes
YEAR	Yes	Yes	Yes	Yes	Yes	Yes
Adj-R^2	0.336	0.339	0.335	0.335	0.338	0.335
F值	170.41	172.56	169.98	170.08	172.23	169.63
观测量/个	8712	8712	8712	8712	8712	8712

注：( )内表示t值；*、**、***分别表示在10%、5%和1%水平上显著；相关变量进行了上下1%缩尾。

3.3.4 拓展性分析

我国与西方国家在产权性质上截然不同，我国社会主义的政治制度和经济体制的特殊性决定了国有产权占主导地位、非国有产权协同发展的经济模式。在我国特殊的制度背景下，国有企业和非国有企业在管理层聘任与经营目标等方面存在着先天性的体制差异（马永强和邱煜，2019）。产权性质通过代理链条、股权结构和治理方式等对企业经营决策产生重要影响。产权理论认为，国有企业相对于非国有企业具有天然的效率劣势，剩余索取权难以向国有企业经营者让渡（张维迎，1996）。在剩余索取权与经营控制权的分离程度上，国有企业的分离程度明显高于非国有企业的分离程度，这不仅使国有企业经营者代理问题更为严重，而且其代理成本往往处于更高水平（罗宏和黄文华，2008）。同时，国有企业更有可能受到政府干预，政府干预也会导致国有企业行为的扭曲。委托代理理论指出，国有企业剩余索取权与经营控制权的过分分离将导致国有企业经营者缺乏产权激励机制的刺激，其结果是国有企业经营者往往强调眼前的地位和短期绩效、规避不确定性所带来的潜在风险，其经营行为的短期化倾向和风险承担弱化现象更为明显。国有企业的产权特性和政治目标的嵌入必然导致其对投资项目"风险"与"收益"这两大维度的重新权衡。在企业风险承担决策上，国有产权也存在着不同于其他各方利益主体的风险承担偏好。

国有企业的双重任务特性不仅决定了国有企业的目标函数是多元化

的，而且决定了其决策过程要受多个政府部门的管辖和影响，往往会出现目标不一致的多个委托人共存的局面，更容易滋生"共同代理"问题（Common Agency）。相对于非国有企业而言，国有企业的"共同代理"问题则意味着其受到的政府干预程度更为强烈，而政府干预则会造成企业家精神的衰弱。国有企业的企业家精神弱化会导致其管理层的冒险和挑战意识相对较低，风险承担和创新意识薄弱，从而使国有企业经营者的风险承担水平低于非国有企业（李文贵和余明桂，2012）。而民营非国有企业则显著不同，由于其产权清晰、经营更为灵活、社会负担也更轻，其经营行为更为符合股东利益，在企业风险承担的决策上也更为市场化。同时，在管理层选拔任命机制上，国有企业管理层大都具有一定的行政级别，其主要是由政府任命指派的，因而其具有强烈的政治晋升动机。而非国有企业管理层不与政府行政任命挂钩（朱晓琳和方拥军，2018），管理层晋升激励机制相对更为公平，经理层市场流通性也更强，管理层选聘与薪酬制定相对更为市场化，承担风险带来的后果将直接关系到CEO薪酬与职位（马永强和邱煜，2019）。

上述理论分析表明不仅仅产权性质会直接影响企业风险承担，还会影响各种治理机制作用的发挥。在不同的产权性质差异下，企业治理机制对企业风险承担的作用可能也是不同的。因此，本部分将进一步拓展分析上述管理层特征对企业风险承担的影响在国有产权与非国有产权性质企业间的差异。

本部分前述检验结果表明管理层货币薪酬、股权、权力及管理层薪酬差距对企业风险承担水平产生了显著的影响，接下来，将根据前述模型（4）分别验证上述管理层特征在不同产权性质企业中是否存在差异，进一步揭示产权性质的调节作用。

表3-10描述的是在控制其他变量的情况下，管理层货币薪酬与企业风险承担水平在不同产权性质企业中的多元回归分析结果。CRT1（1）列、CRT2（3）列和CRT3（5）列是在国有产权样本中，管理层货币薪酬（Msalary）分别对被解释变量CRT1、CRT2和CRT3的回归检验结果。CRT1（2）列、CRT2（4）列和CRT3（6）列是在非国有产权样本中，管理层货币薪酬（Msalary）分别对被解释变量CRT1、CRT2和CRT3的回归检验结果。对比上述两类样本企业的检验结果可以发现，在控制其他影响企业风险承担水平因素的情况下，管理层货币薪酬对企业风险承担水平的负向影响在国有产权样本中非常显著（1%的显著性水平），而在非国有产权样本中，上述影响并不显著。这说明相对而言，国有企业管理层由于高额的短期货币薪酬会更倾向于回避风险，降低企业风险承担水平。控制变量对企业风险承担水平的影响与3.3.3节分析一致。

表3-10 管理层货币薪酬与企业风险承担水平（Soe VS N-soe）

	CRT1 (1)	CRT1 (2)	CRT2 (3)	CRT2 (4)	CRT3 (5)	CRT3 (6)
	Soe	N-soe	Soe	N-soe	Soe	N-soe
常数项	0.137***	0.190***	0.142***	0.195***	0.317***	0.484***
	(6.554)	(5.745)	(6.907)	(5.961)	(6.362)	(6.090)
Msalary	−0.003***	0.001	−0.003***	0.001	−0.008***	0.003
	(−5.963)	(1.174)	(−5.985)	(1.320)	(−5.730)	(1.432)
Size	−0.002***	−0.010***	−0.003***	−0.010***	−0.007***	−0.026***
	(−5.868)	(−13.870)	(−6.483)	(−14.397)	(−6.558)	(−14.712)

续表

	CRT1 （1）	CRT1 （2）	CRT2 （3）	CRT2 （4）	CRT3 （5）	CRT3 （6）
	Soe	N-soe	Soe	N-soe	Soe	N-soe
Lev	0.017***	0.035***	0.017***	0.035***	0.042***	0.087***
	(8.224)	(13.789)	(8.171)	(14.001)	(8.578)	(14.147)
ROA	−0.175***	−0.132***	−0.175***	−0.127***	−0.411***	−0.303***
	(−25.894)	(−15.974)	(−26.204)	(−15.637)	(−25.489)	(−15.327)
Tobin'Q	0.006***	0.003***	0.006***	0.003***	0.015***	0.007***
	(14.890)	(7.010)	(14.746)	(6.556)	(14.529)	(5.933)
Tang	0.010***	0.001	0.009***	0.001	0.023***	0.005
	(4.719)	(0.160)	(4.394)	(0.391)	(4.520)	(0.583)
Age	0.005***	0.004**	0.005***	0.004**	0.012***	0.009**
	(5.068)	(2.399)	(5.141)	(2.441)	(5.344)	(2.419)
Industry	Yes	Yes	Yes	Yes	Yes	Yes
YEAR	Yes	Yes	Yes	Yes	Yes	Yes
Adj-R^2	0.305	0.404	0.310	0.404	0.306	0.402
F 值	101.45	77.80	103.68	77.90	101.69	77.16
观测量/个	5951	2952	5951	2952	5951	2952

注：（ ）内表示 t 值；*、**、***分别表示在10%、5%和1%水平上显著；相关变量进行了上下1%缩尾。

表 3-11 描述的是在控制其他变量的情况下，管理层股权与企业风险承担水平在不同产权性质企业中的多元回归分析结果。CRT1（1）列、CRT2（3）列和 CRT3（5）列是在国有产权样本中，管理层股权（Mequity）分别对被解释变量 CRT1、CRT2 和 CRT3 的回归检验结果。CRT1（2）列、CRT2（4）列和 CRT3（6）列是在非国有产权样本中，管理层股权（Mequity）分别对被解释变量 CRT1、CRT2 和 CRT3 的回归检验结果。对比上述两类样本企业的检验结果可以发现，在控制其他影响企业风险承担水平因素的情况下，管理层股权（Mequity）对企业风险承担水平的正向影响在非国有产权样本中非常显著（5%的显著性水平），而在国有产权样本中，上

述影响并不显著。这说明相对而言，非国有企业管理层股权更能有助于减少管理层风险规避倾向，促使管理层更注重企业长期利益，提高企业风险承担水平。控制变量对企业风险承担水平的影响与 3.3.3 节分析一致。

表 3-11 管理层股权与企业风险承担水平（Soe Vs N-soe）

	CRT1 （1）	CRT1 （2）	CRT2 （3）	CRT2 （4）	CRT3 （5）	CRT3 （6）
	Soe	N-soe	Soe	N-soe	Soe	N-soe
常数项	0.094***	0.227***	0.099***	0.231***	0.241***	0.571***
	(11.196)	(15.651)	(11.966)	(16.167)	(12.071)	(16.437)
Mequity	−0.226	0.110**	−0.200	0.109**	−0.475	0.266**
	(−1.233)	(2.272)	(−1.109)	(2.287)	(−1.086)	(2.293)
Size	−0.003***	−0.010***	−0.004***	−0.010***	−0.008***	−0.025***
	(−8.972)	(−14.939)	(−9.692)	(−15.473)	(−9.618)	(−15.723)
Lev	0.018***	0.034***	0.017***	0.034***	0.043***	0.084***
	(9.003)	(13.455)	(8.971)	(13.663)	(9.324)	(13.986)
ROA	−0.187***	−0.147***	−0.186***	−0.142***	−0.440***	−0.337***
	(−29.933)	(−18.697)	(−30.250)	(−18.360)	(−29.496)	(−17.911)
Tobin'Q	0.006***	0.003***	0.006***	0.003***	0.015***	0.007***
	(14.842)	(6.915)	(14.696)	(6.479)	(14.464)	(5.934)
Tang	0.010***	−0.001	0.009***	−0.000	0.023***	0.000
	(5.146)	(−0.316)	(4.810)	(−0.133)	(4.845)	(0.038)
Age	0.005***	0.005***	0.005***	0.005***	0.013***	0.012***
	(5.790)	(3.146)	(5.807)	(3.233)	(5.950)	(3.204)
Industry	Yes	Yes	Yes	Yes	Yes	Yes
YEAR	Yes	Yes	Yes	Yes	Yes	Yes
Adj-R^2	0.297	0.410	0.301	0.411	0.297	0.410
F 值	110.57	88.59	112.85	88.95	110.84	88.49
观测量/个	6759	3276	6759	3276	6759	3276

注：( ) 内表示 t 值；*、**、*** 分别表示在 10%、5% 和 1% 水平上显著；相关变量进行了上下 1% 缩尾。

表 3-12 描述的是在控制其他变量的情况下，管理层权力与企业风险

承担水平在不同产权性质企业中的多元回归分析结果。CRT1（1）列、CRT2（3）列和CRT3（5）列是在国有产权样本中，管理层权力（Power）分别对被解释变量CRT1、CRT2和CRT3的回归检验结果。CRT1（2）列、CRT2（4）列和CRT3（6）列是在非国有产权样本中，管理层权力（Power）分别对被解释变量CRT1、CRT2和CRT3的回归检验结果。对比上述两类样本企业的检验结果可以发现，在控制其他影响企业风险承担水平因素的情况下，管理层权力（Power）在两类样本中对企业风险承担水平均具有显著的正向影响。这说明不管是在国有企业中，还是在非国有企业中，提高管理层权力均会提高企业风险承担水平，管理层权力与企业风险承担水平显著正相关。控制变量对企业风险承担水平的影响与3.3.3节分析一致。

表3-12　管理层权力与企业风险承担水平（Soe VS N-soe）

	CRT1（1）	CRT1（2）	CRT2（3）	CRT2（4）	CRT3（5）	CRT3（6）
	Soe	N-soe	Soe	N-soe	Soe	N-soe
常数项	0.092***	0.220***	0.097***	0.224***	0.235***	0.556***
	(10.496)	(14.675)	(11.169)	(15.190)	(11.239)	(15.512)
Power	0.004***	0.003**	0.004***	0.004***	0.009***	0.009***
	(3.159)	(2.107)	(3.200)	(2.644)	(3.187)	(2.583)
Size	−0.003***	−0.009***	−0.003***	−0.010***	−0.008***	−0.024***
	(−8.449)	(−14.122)	(−9.103)	(−14.600)	(−9.055)	(−14.870)
Lev	0.018***	0.034***	0.017***	0.034***	0.043***	0.083***
	(8.510)	(13.084)	(8.397)	(13.208)	(8.809)	(13.333)
ROA	−0.183***	−0.135***	−0.182***	−0.131***	−0.428***	−0.312***
	(−27.284)	(−16.269)	(−27.609)	(−16.055)	(−26.809)	(−15.750)
Tobin'Q	0.006***	0.004***	0.006***	0.003***	0.015***	0.007***
	(14.552)	(7.326)	(14.414)	(6.958)	(14.220)	(6.348)
Tang	0.012***	−0.000	0.011***	0.000	0.027***	0.002

续表

	CRT1 （1）	CRT1 （2）	CRT2 （3）	CRT2 （4）	CRT3 （5）	CRT3 （6）
	Soe	N-soe	Soe	N-soe	Soe	N-soe
	(5.502)	(−0.046)	(5.232)	(0.018)	(5.400)	(0.189)
Age	0.004***	0.005***	0.004***	0.005***	0.011***	0.011***
	(4.478)	(3.218)	(4.530)	(3.236)	(4.674)	(3.138)
Industry	Yes	Yes	Yes	Yes	Yes	Yes
YEAR	Yes	Yes	Yes	Yes	Yes	Yes
Adj-R^2	0.291	0.396	0.296	0.398	0.292	0.396
F 值	94.71	75.25	96.74	75.96	94.95	75.23
观测量/个	5932	2951	5932	2951	5932	2951

注：（）内表示 t 值；*、**、***分别表示在10%、5%和1%水平上显著；相关变量进行了上下1%缩尾。

表 3-13 与表 3-14 描述的是在控制其他变量的情况下，反映管理层薪酬差距的两个指标（Mgap1 和 Mgap2）与企业风险承担间水平在不同产权性质企业中的多元回归分析结果。CRT1（1）列、CRT2（3）列和 CRT3（5）列是在国有产权样本中，管理层薪酬差距的两个指标（Mgap1 和 Mgap2）分别对被解释变量 CRT1、CRT2 和 CRT3 的回归检验结果。CRT1（2）列、CRT2（4）列和 CRT3（6）列是在非国有产权样本中，管理层薪酬差距的两个指标（Mgap1 和 Mgap2）分别对被解释变量 CRT1、CRT2 和 CRT3 的回归检验结果。对比上述两类样本企业的检验结果可以发现，在控制其他影响企业风险承担水平因素的情况下，管理层薪酬差距（Mgap）对企业风险承担水平的正向影响主要发生在非国有企业中，而国有企业管理层薪酬差距的激励效果并不明显。控制变量对企业风险承担水平的影响与 3.3.3 节分析一致。

表 3-13 管理层薪酬差距与企业风险承担水平 1（Soe VS N-soe）

	CRT1 (1)	CRT1 (2)	CRT2 (3)	CRT2 (4)	CRT3 (5)	CRT3 (6)
	Soe	N-soe	Soe	N-soe	Soe	N-soe
常数项	0.082***	0.188***	0.088***	0.193***	0.216***	0.479***
	(2.952)	(5.705)	(3.222)	(5.939)	(3.259)	(6.070)
Mgap1	0.000	0.001**	0.000	0.001**	0.000	0.001***
	(0.771)	(2.488)	(0.773)	(2.476)	(0.931)	(2.846)
Size	−0.003***	−0.010***	−0.003***	−0.010***	−0.008***	−0.024***
	(−8.353)	(−14.220)	(−9.000)	(−14.720)	(−8.935)	(−15.009)
Lev	0.017***	0.033***	0.016***	0.034***	0.040***	0.083***
	(7.890)	(12.721)	(7.789)	(12.939)	(8.114)	(13.098)
ROA	−0.187***	−0.132***	−0.187***	−0.128***	−0.440***	−0.305***
	(−27.660)	(−15.667)	(−27.994)	(−15.342)	(−27.247)	(−15.023)
Tobin'Q	0.006***	0.003***	0.006***	0.003***	0.014***	0.007***
	(14.227)	(6.926)	(14.048)	(6.501)	(13.796)	(5.838)
Tang	0.011***	0.001	0.011***	0.002	0.026***	0.007
	(5.347)	(0.366)	(5.042)	(0.601)	(5.161)	(0.837)
Age	0.005***	0.004**	0.005***	0.004**	0.012***	0.008**
	(4.931)	(2.394)	(5.020)	(2.410)	(5.218)	(2.322)
Industry	Yes	Yes	Yes	Yes	Yes	Yes
YEAR	Yes	Yes	Yes	Yes	Yes	Yes
Adj-R^2	0.297	0.391	0.302	0.391	0.298	0.389
F 值	95.96	72.04	98.02	72.19	96.20	71.53
观测量/个	5833	2879	5833	2879	5833	2879

注：( ) 内表示 t 值；*、**、***分别表示在 10%、5%和 1%水平上显著；相关变量进行了上下 1%缩尾。

表 3-14 管理层薪酬差距与企业风险承担水平 2（Soe VS N-soe）

	CRT1 (1)	CRT1 (2)	CRT2 (3)	CRT2 (4)	CRT3 (5)	CRT3 (6)
	Soe	N-soe	Soe	N-soe	Soe	N-soe
常数项	0.085***	0.185***	0.092***	0.190***	0.223***	0.468***
	(3.021)	(5.535)	(3.324)	(5.737)	(3.310)	(5.821)

续表

	CRT1 （1）	CRT1 （2）	CRT2 （3）	CRT2 （4）	CRT3 （5）	CRT3 （6）
	Soe	N-soe	Soe	N-soe	Soe	N-soe
Mgap2	−1.751	3.471	−2.505	3.857	−3.208	12.006
	(−0.504)	(1.079)	(−0.732)	(1.216)	(−0.387)	(1.554)
Size	−0.003***	−0.009***	−0.004***	−0.009***	−0.009***	−0.023***
	(−7.747)	(−12.627)	(−8.429)	(−13.029)	(−8.224)	(−13.165)
Lev	0.017***	0.033***	0.016***	0.033***	0.041***	0.082***
	(7.902)	(12.640)	(7.799)	(12.853)	(8.130)	(12.994)
ROA	−0.187***	−0.133***	−0.186***	−0.129***	−0.439***	−0.307***
	(−27.512)	(−15.699)	(−27.826)	(−15.384)	(−27.108)	(−15.085)
Tobin'Q	0.006***	0.003***	0.006***	0.003***	0.015***	0.006***
	(13.916)	(6.259)	(13.804)	(5.813)	(13.477)	(5.085)
Tang	0.011***	0.001	0.011***	0.002	0.026***	0.006
	(5.312)	(0.297)	(4.998)	(0.528)	(5.129)	(0.748)
Age	0.005***	0.004**	0.005***	0.004**	0.012***	0.009**
	(5.004)	(2.529)	(5.099)	(2.550)	(5.300)	(2.489)
Industry	Yes	Yes	Yes	Yes	Yes	Yes
YEAR	Yes	Yes	Yes	Yes	Yes	Yes
Adj-R^2	0.297	0.390	0.302	0.390	0.298	0.388
F 值	95.94	71.72	98.02	71.90	96.16	71.17
观测量/个	5833	2879	5833	2879	5833	2879

注：（）内表示 t 值；*、**、***分别表示在10%、5%和1%水平上显著；相关变量进行了上下1%缩尾。

3.3.5 稳健性检验

为避免在计算企业风险承担时因观测周期不同而对研究结果可能导致的影响有差异，本部分以3年为一个观测周期，重新计算企业风险承担指标（CRT1、CRT2、CRT3）。以3年为一个观测周期能够增加2年的样本观测量，使得样本观测量增加为12508，具体样本分布情况如表3-15所示。

表 3-15 每个观测阶段的样本分布情况

观测阶段	2004—2006年	2005—2007年	2006—2008年	2007—2009年	2008—2010年	2009—2011年	2010—2012年	2011—2013年	2012—2014年	2013—2015年	2014—2016年	合计
观测量/个	1081	1132	1132	1120	1115	1112	1109	1129	1168	1206	1204	12508

利用上述样本，运用普通最小二乘法根据模型（4）来验证假设1～假设3，重复本书上述检验过程，管理层特征与企业风险承担水平如表3-16所示。稳健性检验的结果表明在控制其他影响企业风险承担水平因素的情况下，管理层货币薪酬仍然与企业风险承担水平显著负相关，而管理层股权的提高与权力的增大则提高了企业风险承担水平，本部分所提研究假设仍然成立。

表 3-16 管理层特征与企业风险承担水平

	CRT1 (1)	CRT2 (2)	CRT3 (3)	CRT1 (4)	CRT2 (5)	CRT3 (6)	CRT1 (7)	CRT2 (8)	CRT3 (9)
常数项	0.142***	0.147***	0.274***	0.132***	0.136***	0.257***	0.130***	0.133***	0.252***
	(7.960)	(8.328)	(8.265)	(20.192)	(20.933)	(21.067)	(19.001)	(19.714)	(19.882)
Msalary	−0.001*	−0.001*	−0.001						
	(−1.865)	(−1.755)	(−1.614)						
Mequity				0.051*	0.046*	0.091*			
				(1.807)	(1.663)	(1.737)			
Power							0.002**	0.002**	0.003**
							(2.024)	(2.380)	(2.353)
Size	−0.005***	−0.005***	−0.010***	−0.005***	−0.006***	−0.011***	−0.005***	−0.005***	−0.010***
	(−16.249)	(−16.925)	(−17.057)	(−18.989)	(−19.662)	(−19.757)	(−17.796)	(−18.428)	(−18.561)
Lev	0.022***	0.022***	0.041***	0.022***	0.022***	0.041***	0.021***	0.021***	0.040***
	(14.994)	(15.144)	(15.301)	(15.587)	(15.692)	(15.887)	(14.403)	(14.473)	(14.657)
ROA	−0.195***	−0.193***	−0.358***	−0.203***	−0.200***	−0.372***	−0.194***	−0.192***	−0.356***
	(−40.103)	(−40.137)	(−39.708)	(−44.472)	(−44.482)	(−43.953)	(−39.900)	(−40.090)	(−39.616)

续表

	CRT1 (1)	CRT2 (2)	CRT3 (3)	CRT1 (4)	CRT2 (5)	CRT3 (6)	CRT1 (7)	CRT2 (8)	CRT3 (9)
Tobin'Q	0.005***	0.005***	0.010***	0.005***	0.005***	0.010***	0.005***	0.005***	0.010***
	(19.470)	(19.214)	(18.963)	(19.754)	(19.509)	(19.253)	(19.249)	(19.041)	(18.779)
Tang	0.007***	0.006***	0.012***	0.006***	0.005***	0.010***	0.008***	0.007***	0.014***
	(4.081)	(3.759)	(3.930)	(3.718)	(3.288)	(3.427)	(4.680)	(4.290)	(4.487)
Age	0.003***	0.003***	0.005***	0.003***	0.003***	0.006***	0.003***	0.003***	0.005***
	(3.971)	(3.993)	(4.025)	(4.798)	(4.736)	(4.796)	(4.080)	(4.029)	(4.076)
Industry	Yes	Yes	Yes	Yes	Yes	Yes	Yes	Yes	Yes
YEAR	Yes	Yes	Yes	Yes	Yes	Yes	Yes	Yes	Yes
Adj-R^2	0.350	0.352	0.350	0.351	0.353	0.351	0.334	0.337	0.336
F 值	219.13***	221.25***	219.76***	242.40***	244.39***	242.73***	203.73***	206.60***	205.39***
观测量/个	11361	11361	11361	12508	12508	12508	11308	11308	11308

注：（ ）内表示 t 值；*、**、***分别表示在10%、5%和1%水平上显著；相关变量进行了上下1%缩尾。

利用上述三年期企业风险承担的样本，运用普通最小二乘法根据模型（4）来验证假设4，重复本书上述检验过程，管理层薪酬差距与企业风险承担水平（3期风险承担）如表3-17所示。稳健性检验的结果表明在控制其他影响企业风险承担水平因素的情况下，管理层薪酬差距仍然与企业风险承担显著正相关，薪酬差距的扩大提高了企业风险承担水平，假设4仍然成立。

表3-17 管理层薪酬差距与企业风险承担水平（3期风险承担）

	CRT1 (1)	CRT2 (2)	CRT3 (3)	CRT1 (4)	CRT2 (5)	CRT3 (6)
常数项	0.11770***	0.12410***	0.23467***	0.11488***	0.12113***	0.22889***
	(5.590)	(5.962)	(5.999)	(5.409)	(5.770)	(5.801)
Mgap1	0.00048***	0.00046***	0.00091***			
	(3.903)	(3.815)	(3.988)			
Mgap2				4.95716**	4.95174**	9.69488***
				(2.472)	(2.497)	(2.601)

续表

	CRT1 （1）	CRT2 （2）	CRT3 （3）	CRT1 （4）	CRT2 （5）	CRT3 （6）
Size	−0.00532***	−0.00546***	−0.01029***	−0.00510***	−0.00523***	−0.00985***
	(−17.558)	(−18.226)	(−18.273)	(−15.407)	(−16.002)	(−16.016)
Lev	0.02072***	0.02063***	0.03919***	0.02076***	0.02066***	0.03925***
	(14.078)	(14.175)	(14.327)	(14.095)	(14.189)	(14.342)
ROA	−0.19838***	−0.19621***	−0.36495***	−0.19857***	−0.19641***	−0.36534***
	(−40.726)	(−40.742)	(−40.321)	(−40.692)	(−40.714)	(−40.293)
Tobin'Q	0.00524***	0.00511***	0.00950***	0.00503***	0.00490***	0.00908***
	(18.593)	(18.354)	(18.133)	(16.697)	(16.461)	(16.225)
Tang	0.00695***	0.00633***	0.01242***	0.00678***	0.00617***	0.01209***
	(4.169)	(3.841)	(4.008)	(4.066)	(3.741)	(3.903)
Age	0.00286***	0.00285***	0.00536***	0.00302***	0.00300***	0.00565***
	(3.935)	(3.958)	(3.964)	(4.149)	(4.168)	(4.183)
Industry	Yes	Yes	Yes	Yes	Yes	Yes
YEAR	Yes	Yes	Yes	Yes	Yes	Yes
Adj-R^2	0.343	0.345	0.344	0.343	0.345	0.343
F 值	209.14	211.02	209.80	208.65	210.56	209.30
观测量/个	11153	11153	11153	11153	11153	11153

注：（ ）内表示 t 值；*、**、***分别表示在10%、5%和1%水平上显著；相关变量进行了上下1%缩尾。

3.4 管理层货币薪酬、股权、权力和薪酬差距影响分析总结

本部分以我国沪、深两市2004—2016年上市公司为研究对象，从管理层货币薪酬、管理层股权、管理层权力和管理层薪酬差距四个方面深入研究了管理层特征对企业风险承担水平的影响，并在此基础上进一步

检验了上述影响在国有产权样本与非国有产权样本间的差异。

本部分研究结果表明：高额的短期货币薪酬是管理层厌恶风险的根源，为了保护其短期利益，他们会做出风险规避决策，倾向于降低企业风险承担水平。尤其是在国有产权样本中，上述影响更为明显；非国有企业管理层股权有助于减少管理层风险规避倾向，促使管理层更注重企业的长期利益，减少企业代理问题，进而提高企业风险承担水平。而国有企业管理层股权的风险承担激励效应并不明显；提高管理层权力能够激发"行为接近系统"，增强管理层的自信和乐观程度，进而使管理层注重风险承担能带来的潜在利益，忽视其潜在损害，提高管理层权力则会提高企业风险承担水平。降低管理层权力则会激发"行为抑制系统"，这时管理层会将注意力转移到避免风险承担的负面产出方面，夸大其风险性，进而降低企业风险承担水平，管理层权力与企业风险承担显著正相关，且上述影响在两类不同产权性质的企业中均非常显著；管理层薪酬差距的扩大有利于增强其晋升激励动机，进而促使其采纳更高风险型的投资以获取较好的业绩，提高了企业风险承担水平。管理层薪酬差距与企业风险承担水平显著正相关，且上述效应在非国有企业中更为明显。管理层作为企业决策的制定者，对企业风险承担具有重要的影响。

本部分研究表明应进一步完善管理层相关激励机制，在制定企业管理层薪酬政策时，充分考虑企业风险承担因素，应避免过高的现金薪酬，将长期薪酬机制与短期薪酬机制相结合，适当提高管理层的股权水平，以促使管理层与企业利益相一致，减少企业代理问题，提高企业风险承担水平。管理层货币薪酬对企业风险承担水平的负向影响在国有企业中更为显著，要特别注意防止国有企业管理层过高的货币薪酬，这也从一个侧面检验了我国政府近些年来所实施的国有企业管理层"限薪令"的积极意义：除了具有我国社会所具有的"公平"意义，还具有一定的"治理"意义。从本书的研究结果来看，国有企业管理层股权激励的效果并不明显，应进一步完善调整国有企业的股权激励机制，促使国有企业管理层的激励措施能够真正发挥作用。

同时，本书的研究表明我们应该辩证地看待管理层权力的作用，管理层权力在企业财务决策中的作用并不一定都是消极的，适当提高管理层的权力能够增强其自信和领导能力，可能会更加积极地追求那些高风险高收益并具有高净现值的投资机会（风险承担水平高）。从企业风险承担的视角来看，管理层权力能够促使管理层更加积极地识别和把握有价值的投资项目。本研究对于我们重新认识管理层权力的作用具有一定的启示意义。

管理层薪酬差距的扩大有利于激励企业风险承担水平的提高，为达到激励企业风险承担的目的，在制定薪酬契约时可以适度扩大管理层的薪酬差距，但同时必须结合企业实际情况，并注意度的把握。管理层薪酬差距的风险承担激励效应主要发生在非国有企业中，在国有企业中还没能真正发挥作用，要进一步完善调整国有企业的薪酬差距激励机制，包括管理层任命机制、晋升机制等，来增强对国有企业管理层的激励效果。刘青松和肖星（2015）发现国有企业管理层晋升与企业绩效无关；

张洪辉和章琳一（2016）发现国有企业管理层晋升激励与企业风险承担无关；而本书的研究也进一步表明，国有企业的股权激励与薪酬差距激励对企业风险承担并不具有显著的影响。这些研究共同表明，我国国有企业管理层晋升和激励机制还没有实现市场化，业绩在管理层考核与晋升中的作用不够明显，国有企业的管理层激励机制作用尚不明显，进而导致其在企业经营过程中对企业业绩和风险承担的关注不够。与此相反，国有企业管理层更倾向于以"不出问题"为目标，这使得其不注重业绩，不愿承担风险。

4

股权结构对企业风险承担的影响

4.1 控制性大股东、股权集中度与股权制衡度、机构投资者和股权性质影响分析

代理问题在企业风险承担中具有重要作用，是企业风险承担决策中的重要影响因素。在 Berle 和 Means（1932）提出的传统股权分散研究范式下，管理层与股东间的代理问题（Principle-Agency problem，简称为 P-A 代理问题）是企业治理的研究重点。然而，自从 20 世纪 90 年代开始，代理理论开始突破传统理论的研究界限，关注所有者之间的代理利益冲突。以 La Porta 等（1999）为代表的研究成果显示，除了美国和英国等少数发达国家，世界上大多数国家企业的股权不是分散的而是相对集中的。在我国资本市场上，上市公司也呈现出股权集中的特征，存在着双重委托代理关系，即大股东与管理层间的委托代理关系和中小股东与大股东间的委托代理关系。双重委托代理理论是切合我国实际并适宜我国上市公司治理分析的治理理论框架（冯根福，2004）。此后的研究则从管理层与股东间的代理问题转移到股东间的代理问题上来（Principle-Principle problem，简称为 P-P 代理问题），特别是大股东与中小股东间的代理冲突。股权结构也是企业风险承担的重要驱动因素（Boubakri et al.，2013）。因此，在第 3 章研究的基础上，本章主要基于股权结构的视角来研究其对企业风险承担的影响。具体而言，主要从是

否存在控制性大股东、股权集中度、股权制衡度、机构投资者和股权性质几个层面来展开。

4.1.1　控制性大股东影响分析

在股权集中的背景下，控制性大股东与广大中小股东的利益冲突成为企业的主要代理问题，代理理论关注的焦点也转移到控制性大股东的代理问题上来。控制性大股东与中小股东的利益冲突不仅仅体现在以往所广泛研究的"掏空""侵占""绩效"等能够直接体现代理成本的"显性"项目上，而且还会表现在类似"风险"这样的"隐性"项目上。在企业风险承担决策中，控制性大股东可能存在着不同于其他各方利益主体的风险承担偏好性。具体而言，在控制性大股东如何影响企业风险承担方面，主要存在如下三个方面的理论假说。

第一，大股东私有收益保护假说。在股权集中的背景下，大股东通过金字塔结构、交叉持股和双重股票权等多种机制来增强控制权，实现控制权与所有权（现金流权）的分离（La Porta et al., 1999; Claessens et al., 2000）。高控制权与低现金流权的非匹配，导致大股东具有以其他中小股东的利益为代价来获取控制权私有收益（包括掏空、侵占及做出有利于自身的企业决策等形式）（Bozec and Laurin, 2008）的强烈动机。然而，大股东控制权私有收益的获取是以被控制企业的"生存"为前提的，而企业风险承担无疑增大了企业风险和破产的可能性。在这种情况下，大股东预期能够获取的私有收益越多，它们保护这些收益的动机就越强，进而导致大股东会促使企业在选择投资项目时倾向于风险相对较低的投资项目（John et al.，2008；Mishra，2011）。Koerniadi 等（2014）也发现在缺乏其他有效制衡机制的情况下，大股东具有支持没有最大化企业价值的低风险项目投资的动机。

第二，大股东财富非多元化假说。与其他股东相比，控制性大股东的财富更倾向于非多元化（John et al.，2008）。特别是当控制性大股东为个体或家族时，由于它们的财富大都投入了企业中，为了保护投入的资本和将企业财富转移给下一代，它们更不愿意冒风险（Anderson et al.，2003）。Faccio 等（2011）也发现与非多元化大股东所控制的企业相比多元化大股东控制的企业更倾向于选择风险相对较低的投资项目。由此可见，控制性大股东财富的非多元化也会导致它们具有较强的风险规避倾向，进而导致较低的企业风险承担水平。

第三，大股东融资约束假说。为了保持对企业的控制权，控制性大股东必须将它们的大多数财富投入企业中。由于它们没有更多的资金投入企业，再加上与所有权不相匹配的控制权，它们更不愿意进行外部权益融资来防止稀释控制权（Croci et al.，2011）。控制性大股东面临着很强的融资约束问题（陈德球 等，2011），当控制权与现金流权偏离程度较高时，这种现象更为明显。在融资约束的背景下，将主要依赖企业内部现金流进行投资，为确保内部现金流的稳定性和避免丢失控制权的风险，控制性大股东倾向于采纳低风险投资项目，以便能够提供稳定的现金流。

Mishra（2011）对东亚九国的实证检验也发现控制性大股东的出现

会显著降低企业的风险承担水平，而多个大股东的出现则能够监督控制性大股东的私利行为，进而提高企业风险承担水平。Boubaker 等（2016）使用法国企业的样本得出了类似的结论，发现大股东为保护私有收益具有选择低风险投资项目的强烈动机，而多个大股东的出现能够阻止大股东从事低风险项目的偏好，提高企业风险承担水平。综上所述，结合大股东私有收益保护假说、财富非多元化假说和融资约束假说，本书提出如下假设。

假设 5：控制性大股东的出现降低了企业风险承担水平。

4.1.2 股权集中度影响分析

股权集中度是指股东因其所持股比例的不同而表现出来的股权集中或分散的一种数量化的指标，是衡量企业股权分散状态及企业发展稳定性强弱的重要指标。常用来衡量股权集中度的指标主要包括第一大股东持股比例、前五大股东持股比例和前十大股东持股比例等指标。由于享有大量的现金流权和控制权收益，大股东有足够的动机来搜集信息及监督管理层和企业经营决策（Amihud and Lev，1986）。

大股东在企业治理中扮演着双重角色，一方面由于大股东持股比例相对较高，其利益与企业利益具有较强的一致性，且具有强烈的动机和能力来监督管理层经营好企业，减少管理层代理问题，增强企业治理。大股东持股具有"激励效应"，随着所有权的增加，大股东具有强烈的动机通过增加风险性项目来提高企业收益（Paligorova，2010；Shah et al.，

2012）；但另一方面，大股东由于控制权与现金流权的不匹配，大股东也有追求控制权私有收益的强烈动机，缺少监督的大股东会促使其滥用职权，践踏中小股东利益，也即具有攫取企业的"堑壕效应"。"激励效应"和"堑壕效应"的权衡进而影响了其行为动机。Paligorova（2010）认为风险承担对控制性大股东收益与成本的权衡决定了其对企业风险承担决策的选择。解维敏和唐清泉（2013）指出随着大股东持股比例的上升，其对企业控制能力的增加超过相应持股比例，导致了控制权与现金流权的分离，"堑壕效应"大于"激励效应"，促使大股东追求控制权私有收益，进而影响着对风险承担项目的选择。企业内部人员将使用企业内部资源来追求私人收益，如通过关联交易等手段掏空转移企业资源，而忽视价值创造型的风险性项目。当控制权私有收益对大股东更为重要时，其会追求比较稳健的低风险投资项目来确保私有收益，忽视具有长期价值的风险承担项目（John et al.，2008）。

但是伴随着大股东持股比例的进一步提升，其控制权与现金流权的分离程度逐渐降低，大股东的利益与企业利益趋于一致，"激励效应"大于"堑壕效应"，大股东越有动机去创造价值而非简单的攫取企业财富（在这种情况下，其攫取成本相对较高，其本身代理成本最终还需要由其自身来承担），进而能够促进通过风险承担项目来提升企业价值和长远利益。Gadhoum 和 Ayadi（2003）使用加拿大企业的样本也发现，企业风险承担水平在所有权集中度处于较低和较高水平时都相对较高，也就是说所有权集中度与企业风险承担水平呈现"U"形关系。在此基础上，提出如下假设。

假设 6：股权集中度与企业风险承担水平呈现 "U" 形关系。

4.1.3 股权制衡度影响分析

股权制衡度指的是其他大股东对控制性大股东的制衡程度，股权制衡使得多个大股东之间相互监督与制约。股权制衡度较高，说明这些其他大股东"搭便车"的倾向越低，越倾向于参与企业的事务，举手投票对企业的经营管理实施监督，进而保护广大中小股东的利益。股权制衡有利于增强企业治理，从根源上减少对中小股东的利益侵占，减少管理层与大股东机会主义行为，进而影响企业风险承担。Bennedsen 和 Wolfenzon（2000）的研究表明，在法律对投资者保护不完善的情形下，少数几个大股东分享控制权，可以起到限制大股东掠夺中小股东的作用，进而会影响企业经营决策及风险承担水平。Demsetz 和 Villalonga（2001）对意大利企业的研究显示，大股东之间的相互制衡有助于提高企业的市场价值。Shleifer 和 Vishney（1986）认为，外部大股东在企业治理中发挥着向内部大股东（控股股东）和管理层提供监督的职能，进而完善企业治理结构。Attig 等（2009）研究发现多个大股东的存在对企业价值具有显著的正向影响。Faccio 等（2011）发现在没有其他大股东有效制衡的情况下，企业投资决策则倾向于更为保守，风险承担水平相对较低。Dhillon 和 Rossetto（2009）发现尽管控制性大股东倾向于采纳保守投资决策，但股权制衡的存在能够有效地减少控股股东的代理问题，促使企业采纳那些更受广大中小股东偏好的投资决策。白重恩等（2005）研究发现股权制衡度越高,企业治理效果也就越好,进而有利于提升企业价值。刘鑫等(2014)也认为当企业股权中存在多个大股东时,会促进企业提高企业风险承担水平。王振山和石大林(2014)也进一步发现在存在多个大股东的情况下,其他大股东会积极地参与企业决策,进而能够有效减少控制性大股东保守投资的决策行为。其他外部大股东的股权制衡能有效制约控制性大股东靠其绝对的控股地位来肆意侵占企业资产、放弃风险较高但净现值为正的投资项目。因此,股权制衡度越高,越能够减少大股东的代理问题,提高企业风险承担水平。同时,股权制衡度的提高也增强了对企业管理层的监督,进而降低管理层在企业风险承担方面的机会主义倾向(Attig et al.,2013)。在此基础上,提出如下假设。

假设7:股权制衡度的提高能够促进企业提高企业风险承担水平。

4.1.4 机构投资者影响分析

机构投资者是与个人投资者相对而言的,指通过汇集分散公众手中资金而专门进行证券投资业务并积极主动地进行投资业务管理的中介。机构投资者在我国主要包括证券投资基金、社保基金、保险企业、证券企业和财务企业等。自从2001年中国证券监督管理委员会提出"超常规发展机构投资者"的战略思路以来,机构投资者近年来在我国发展迅速,成为资本市场企业治理的一支重要参与者,其投资比例的变化成为资本市场典型的"风向标"(刘京军和徐浩萍,2012)。随着机构投资者规模的扩大和资本市场的不断完善,机构投资者在企业治理中所扮演的积极角色也受到越来越多的关注（朱玉杰和倪骁然，2014）。

机构投资者的资金来源于分散的公众，并由此产生法律信托责任，在督促机构投资者积极参与被投资项目或企业的治理中，防止投资损失（伊志宏和李艳丽，2013）。相比个体散户投资者，机构投资者往往是由具有较高水平和丰富经验的专业人士组成的，他们更具有资源和人才优势，掌握着更多的信息（王振山和石大林，2014），其持股比例也相对较大，因而其行为更具长期性（Wright et al.，1996），能够增强企业治理水平，积极推进企业有效监督机制的建立，更能够意识到风险承担对于企业长期发展的重要价值。出于自身利益和长期价值投资的动机，机构投资者借助其所拥有的专业、信息、人才和资源等优势，会更有能力和意愿积极参与企业治理，缓解信息不对称问题，发挥监督治理功能（冀玛丽和杜晓荣，2017），促使管理层与控制性大股东减少风险规避行为，提高企业风险承担水平。同时，由于机构投资者持股相对集中，在上市公司中能够拥有更多的话语权（翁洪波和吴世农，2007；Mahdavi et al.，2012），专业的投资理念显著提升了企业的监督能力，甚至可能通过影响企业董事会，来参与投资决策，提高企业风险承担水平。在此基础上，提出如下假设。

假设8：机构投资者持股比例与企业风险承担水平呈现正相关关系。

4.1.5 股权性质影响分析

产权制度是企业制度的核心，有关国有产权经营效率和产权改革的讨论一直是我国理论界和实务界关注的焦点问题。西方产权论认为由于

风险承担：
现代企业发展之道

产权不清晰、政府干预和政策性负担等问题，国有产权的经营效率要显著低于非国有产权（Alchian，1965），这也得到了我国学者的普遍认同和以我国资本市场为背景的实证支持（白重恩 等，2006；胡一帆 等，2006）。

我国与西方国家在产权性质上截然不同，我国社会主义的政治制度和经济体制的特殊性决定了我国资本市场上国有产权占主导地位、非国有产权协同发展的经济模式。产权性质通过代理链条、股权结构和治理方式等对企业经营决策具有重要的影响。国有企业的产权特性和政治目标的嵌入必然导致其对投资项目"风险"与"收益"这两大维度属性的重新权衡。在企业风险承担决策上，国有产权也存在着不同于其他各方利益主体的风险承担偏好性。具体而言，在产权性质如何影响企业风险承担方面，主要存在如下几个方面的因素。

首先，国有企业先天具有的产权残缺和所有者缺位问题，再加上激励约束机制的缺乏，导致了严重的代理问题，尤其是内部人员（管理层）控制问题。由于企业风险承担会受到内部人员控制权私有收益的影响（John et al.，2008），为保护控制权私有收益，内部人员（管理层）倾向于保守投资，放弃具有较大风险的投资项目（张瑞君 等，2013）。国有企业的终极所有者是全体公民，它们是无实际行为能力的一类主体（委托人缺位），并不实际享有风险承担行为的剩余收益权，也缺乏监督企业从事风险承担提升企业价值的动机和能力。国有产权的存在加强了政府与企业的联系，促使国有企业更可能沦为官员的寻租对象。寻租对象的存在一方面造成企业资源被侵占，迫使其不得不放弃部分投资机会，而另一方面政府官员为确保寻租利益也会迫使国有企业进一步规避风险。

其次，国有企业的目标也不是单纯追求企业价值最大化，还肩负着解决就业、社会稳定等政府职能（Fogel et al., 2008; Huang et al., 2011），政府对高管的考核也包含多方面非经济的政治因素（Chen et al., 2009）。国有企业的政治属性和社会属性决定了其具有较强的风险规避特征（Khaw et al., 2016），在进行投资决策时倾向于采取更稳健的策略，只选择那些具有较低风险的投资机会，来追求较为稳定的项目投资回报。余明桂等（2013b）也发现民营化能够降低政府对企业投资决策的干预程度，民营化之后企业更能考虑企业价值最大化的目标，选择更高风险但预期净现值为正的投资项目。

再次，对于国有企业管理层而言，他们往往是通过行政任命的方式来获得职位（国有企业管理层往往具有相应的行政级别）的，其薪酬也受到严格的管制，与企业收益的关联度相对较差，这弱化了管理层的风险承担偏好（Boubakri et al., 2013）。同时，国有企业管理层也存在着较强的政治晋升等隐性激励（Chang and Wong, 2009）（从国有企业到政府官员或从政府官员到国有企业任职的现象在国内屡见不鲜），在这种情况下，为满足上级官员的目标，"不求有功，但求无过"就成为国有企业管理层的一种普遍心态，而他们所从事的高风险承担项目如果失败，则将会对其政治升迁和职业生涯造成严重的不利影响。因此，出于对职业生涯考虑，国有企业管理层缺乏风险承担的动机。而非国有企业受到政府有关部门的约束较少，其经营者市场特征明显，通过企业风险承担增加企业价值的动机也就较为强烈。

最后，预算软约束的存在也是国有企业风险承担不足的重要动因。国有企业即使经营状况不好、业绩下降或者亏损陷入经营危机，也往往可以从政府那里获得补贴或贷款等资源帮助（Kornai and Weibull，1983），致使国有企业缺乏生产压力和高效运作的积极性，风险承担动力不足。在此基础上，提出如下假设。

假设 9：与非国有产权企业相比，国有产权企业风险承担水平相对较低。

4.2 研究设计

4.2.1 变量设计

1）被解释变量设计

本部分的被解释变量是对企业风险承担水平的衡量，其衡量方式与第 3 章中对企业风险承担水平的衡量一致。

2）解释变量设计

本部分的解释变量主要涉及是否存在控制性大股东、股权集中度、股权制衡度、机构投资者持股比例和股权性质的衡量。如果上市公司的第一个股东持股比例超过 20%，则表明存在控制性大股东，否则为股权分散型企业，采用虚拟变量来反映控制性大股东的存在与否（Presence）；如果上市公司存在控制性大股东，则该变量取值为1，否则就取值为0。对于股权集中度（CR1），选取第一大股东的持股比例来衡量股权集中度。对于股权制衡度（Z2-10），采用第二大股东至第十大股东持股比例之和来衡量股权制衡度。使用所有机构投资者所持有股份的比例来衡量机构投资者持股比例（Institution）。使用上市公司大股东的产权属性来划分企业股权性质，如果是国有产权属性，股权性质（State）则定义为1，否则定义为0。

3）控制变量

控制变量的衡量方式与第3章中对控制变量的衡量方式一致。

4.2.2 样本与数据来源

本研究以我国沪、深两市2004—2016年A股上市公司为研究对象，并按照以下标准进行筛选。①剔除金融、保险类行业上市公司；②鉴于中小板和创业板的独特性，剔除中小板和创业板上市公司及当年上市的样本；③剔除在样本期间被特殊处理、特别转让的企业；④剔除相关变量具有极端值的样本，如所有者权益为负；⑤剔除资料不全或缺少相关数据资料的样本。如前所述，本书以5年为一个观测阶段，采用年度滚动的方式来计算企业风险承担水平，所以本书对于样本的筛选也是以5年为一个观测阶段来进行筛选的。经过上述筛选程序，本研究共得到2004—2016年10035个样本观测值，每个观测阶段的样本分布情况如

表 4-1 所示。本研究对所有连续变量进行了上下 1%的 Winsorize（缩尾）处理以消除有关极端值的不利影响。本研究所用财务数据主要来源于中国股票市场交易数据库（CSMAR）及上市公司年报等。本研究的数据分析主要采用 STATA 12.0 软件。

表 4-1 每个观测阶段的样本分布情况

观测阶段	2004—2008年	2005—2009年	2006—2010年	2007—2011年	2008—2012年	2009—2013年	2010—2014年	2011—2015年	2012—2016年	合计
观测量/个	1071	1122	1121	1113	1110	1108	1104	1125	1161	10035

4.2.3 研究模型

采用如下模型运用多元回归分析法来分别依次检验本书所提假设。

$$CRT_{it}=\alpha_0 + \beta_1 X_{it} + \beta_2 Size_{it} + \beta_3 Lev_{it} + \beta_4 ROA_{it} + \beta_5 Tobin'Q_{it} + \beta_6 Tang_{it} + \beta_7 Age_{it} + \beta_8 Inudstry_k + \beta_7 YEAR_k + \varepsilon_{it} \quad (5)$$

其中，CRT 表示企业风险承担，本书依次采用 CRT1、CRT2 和 CRT3 三种企业风险承担衡量方式；α_0 表示截距项；β 表示回归系数；ε 表示误差项；i 表示企业；t 表示时段；X_{it} 表示要检验的股权结构相关变量。如果 β_1 的系数显著为正，则表明相关变量提高了企业风险承担水平；否则，相关变量降低了企业风险承担水平。在检验股权集中度对企业影响的"U"形关系中，需要在此基础上，再加入股权集中度的二次方项，来共同验证上述关系。如果股权集中度的系数为负，而二次方项系数为正，则表明上述关系成立。

4.3 实证研究

4.3.1 描述性统计分析

全部样本的描述性统计分析结果如表 4-2 所示。其中，机构投资者变量有缺失值。从表 4-2 中可以看出，大约有 86.4%的上市公司存在着控制性大股东，第一大股东持股比例平均值为 36.9%，股权集中度相对较高；股权制衡度平均值为 16.8%，且各企业间存在着较大的差异。机构投资者持股比例平均值为 8.5%，大约有 67.4%的上市公司为国有产权性质，表明国有控股公司是我国资本市场的主体。其他变量的描述性统计结果与第 3 章内容一致。

表 4-2 全部样本的描述性统计分析结果

变量	观测量	均值	标准差	最小值	最大值
CRT1	10035	0.039	0.034	0.006	0.150
CRT2	10035	0.039	0.034	0.006	0.149
CRT3	10035	0.096	0.082	0.014	0.366
Presence	10035	0.864	0.343	0.000	1.000
CR1	10035	0.369	0.158	0.106	0.729
Z2-10	10035	0.168	0.118	0.015	0.467
Institution	7753	0.085	0.119	0.000	0.879
State	10035	0.674	0.469	0.000	1.000
Size	10035	21.592	1.151	19.150	24.658
Lev	10035	0.537	0.210	0.105	1.111
ROA	10035	0.025	0.067	−0.237	0.159
Tobin'Q	10035	1.823	1.178	0.954	7.687
Tang	10035	0.284	0.187	0.003	0.722

续表

变 量	观测量	均 值	标准差	最小值	最大值
Age	10035	2.346	0.440	0.693	3.126
	10035	10.347	4.146	1.000	21.778

4.3.2 相关性检验

本部分所要研究各变量之间的 Pearson 相关性检验表如表 4-3 所示，从该表可以看出，反映企业风险承担水平的三个指标（CRT1、CRT2 和 CRT3）均在 1% 的水平上与控制性大股东的出现（Presence）显著负相关，表明控制性大股东的出现降低了企业风险承担水平，初步验证了假设 5。企业风险承担水平与股权集中度（CR1）显著负相关，整体而言股权集中度越高，企业风险承担水平越低；而股权制衡度（Z2-10）在 1% 的水平上与反映企业风险承担的三个指标（CRT1、CRT2 和 CRT3）显著正相关，股权制衡度的提高能够增强企业风险承担水平，与假设 7 一致。企业风险承担水平与机构投资者（Institution）显著负相关，与前文假设并不一致，但这是没有控制其他变量情况下的简单相关分析。反映企业风险承担水平的三个指标（CRT1、CRT2 和 CRT3）均在 1% 的水平上与股权性质（State）显著负相关，表明国有股权性质企业风险承担水平相对较低，假设 9 得到了初步验证。

控制变量和企业风险承担水平之间的关系与第 3 章中的分析一致。在上述模型中所涉及的各自变量之间，相关性系数绝对值整体相对较小，呈现出弱相关关系，可以认为本书所建立的各模型基本不存在多重共线性问题，可以同时放入一个模型进行多元回归分析。

表 4-3 各变量之间的 Pearson 相关性检验表

	CRT1	CRT2	CRT3	Presence	CR1	Z2-10	Institution	State	Size	Lev	ROA	Tobin'Q	Tang	Age
CRT1	1.000													
CRT2	0.995***	1.000												
CRT3	0.989***	0.994***	1.000											
Presence	-0.086***	-0.087***	-0.088***	1.000										
CR1	-0.156***	-0.161***	-0.161***	0.542***	1.000									
Z2-10	0.094***	0.095***	0.094***	-0.142***	-0.450***	1.000								
Institution	-0.022**	-0.026**	-0.024**	0.046***	0.066***	0.169***	1.000							
State	-0.150***	-0.151***	-0.154***	0.126***	0.265***	-0.165***	0.069***	1.000						
Size	-0.358***	-0.363***	-0.363***	0.095***	0.286***	-0.155***	0.063***	0.236***	1.000					
Lev	0.255***	0.255***	0.256***	-0.010	-0.066***	0.017	-0.049***	-0.043***	0.106***	1.000				
ROA	-0.445***	-0.446***	-0.442***	0.072***	0.152***	0.009	0.117***	0.030***	0.235***	-0.397***	1.000			
Tobin'Q	0.207***	0.208***	0.204***	-0.150***	-0.213***	0.039***	0.031***	-0.174***	-0.369***	-0.041***	0.057***	1.000		
Tang	0.059***	0.056***	0.056***	0.030***	0.076***	-0.030***	0.017	0.170***	0.029***	-0.001	-0.082***	-0.106***	1.000	
Age	0.028**	0.030**	0.029**	-0.135***	-0.216***	-0.164***	-0.040***	-0.028***	0.077***	0.129***	-0.032***	0.203***	-0.147***	1.000

注：***、** 和 * 分别表示在1%、5%和10%水平上显著；相关变量进行了上下1%的缩尾。

4.3.3 多元回归分析

1）控制性大股东的出现与企业风险承担水平间关系的验证

表 4-4 描述的是在控制其他变量的情况下，控制性大股东的出现与企业风险承担水平间关系的多元回归分析结果，本部分运用普通最小二乘法根据前述模型（5）来验证假设 5。CRT1（1）列表示对被解释变量 CRT1 的回归结果，该结果显示在控制其他影响企业风险承担水平因素的情况下，控制性大股东的出现（Presence）对企业风险承担水平的回归系数为-0.003，且在 1%的水平上显著。CRT2（2）列表示了对被解释变量 CRT2 的回归结果，该结果显示控制性大股东的出现（Presence）对企业风险承担水平的回归系数为-0.003，且在 1%的水平上显著。CRT3（3）列表示了对被解释变量 CRT3 的回归结果，该结果显示控制性大股东的出现（Presence）对企业风险承担水平的回归系数为-0.008，且在 1%的水平上显著。上述回归系数符号与预期符号一致，检验结果均表明控制性大股东的出现与企业风险承担水平显著负相关，说明控制性大股东的出现恶化了企业代理问题，控制性大股东为了保护其控制权私有收益倾向于降低企业风险承担水平，验证了假设 5。控制变量对企业风险承担水平的影响与 3.3.3 节分析一致。

表 4-4 控制性大股东的出现与企业风险承担水平

	CRT1 （1）	CRT2 （2）	CRT3 （3）
常数项	0.146***	0.151***	0.372***
	(20.361)	(21.320)	(21.623)

续表

	CRT1 （1）	**CRT2** （2）	**CRT3** （3）
Presence	-0.003***	-0.003***	-0.008***
	(-3.858)	(-3.801)	(-4.119)
Size	-0.006***	-0.006***	-0.015***
	(-18.093)	(-19.037)	(-19.158)
Lev	0.026***	0.026***	0.065***
	(17.384)	(17.497)	(18.001)
ROA	-0.166***	-0.163***	-0.386***
	(-33.902)	(-33.909)	(-33.031)
Tobin'Q	0.005***	0.005***	0.012***
	(17.099)	(16.663)	(16.153)
Tang	0.005***	0.005***	0.012***
	(3.041)	(2.854)	(2.927)
Age	0.005***	0.005***	0.011***
	(6.007)	(6.080)	(6.150)
Industry	Yes	Yes	Yes
YEAR	Yes	Yes	Yes
Adj-R^2	0.346	0.349	0.346
F 值	204.97***	207.68***	205.13***
观测量/个	10035	10035	10035

注：（ ）内表示 t 值；*、**、***分别表示在10%、5%和1%水平上显著；相关变量进行了上下1%缩尾。

2）股权集中度与企业风险承担水平间关系的验证

表 4-5 描述的是在控制其他变量的情况下，股权集中度与企业风险承担水平间关系的多元回归分析结果，本部分运用普通最小二乘法根据模型（5）来验证假设 6。CRT1（1）列表示对被解释变量 CRT1 的回归结果，该结果显示在控制其他影响企业风险承担水平因素的情况下，股权集中度（CR1）对企业风险承担水平的回归系数为-0.052，而股权集中度（CR1）平方项的回归系数为 0.059，且均在 1%的水平上显著。CRT2

（2）列表示对被解释变量 CRT2 的回归结果，该结果显示股权集中度（CR1）对企业风险承担水平的回归系数为-0.050，而股权集中度（CR1）平方项的回归系数为 0.055，且均在 1%的水平上显著。CRT3（3）列表示对被解释变量 CRT3 的回归结果，该结果显示股权集中度（CR1）对企业风险承担水平的回归系数为-0.124，而股权集中度（CR1）平方项的回归系数为 0.136，且均在 1%的水平上显著。上述回归系数符号与预期符号一致，检验结果均表明股权集中度（CR1）与企业风险承担水平呈现"U"形关系；当大股东股权上升时，其控制权增大，为获取控制权私有收益，大股东有动机追求比较稳健的低风险投资项目来确保私有收益，降低企业风险承担水平；而当股权进一步增大时，大股东的利益与企业利益趋于一致，其有动机通过风险承担项目来提升企业价值以获取长远利益。股权集中度与企业风险承担水平整体上呈现一种先降后升的"U"形关系，假设 6 得到验证。控制变量对企业风险承担水平的影响与 3.3.3 节分析一致。

表 4-5　股权集中度与企业风险承担水平

	CRT1 （1）	CRT2 （2）	CRT3 （3）
常数项	0.154***	0.158***	0.388***
	(20.520)	(21.324)	(21.607)
CR1	−0.052***	−0.050***	−0.124***
	(−5.890)	(−5.702)	(−5.848)
CR1×CR1	0.059***	0.055***	0.136***
	(5.404)	(5.120)	(5.232)
Size	−0.006***	−0.006***	−0.014***
	(−17.579)	(−18.360)	(−18.462)
Lev	0.026***	0.026***	0.065***

续表

	CRT1 （1）	CRT2 （2）	CRT3 （3）
	(17.370)	(17.461)	(17.954)
ROA	−0.165***	−0.163***	−0.385***
	(−33.836)	(−33.816)	(−32.944)
Tobin'Q	0.005***	0.005***	0.012***
	(16.759)	(16.335)	(15.837)
Tang	0.005***	0.005***	0.012***
	(3.115)	(2.923)	(3.000)
Age	0.004***	0.004***	0.011***
	(5.804)	(5.824)	(5.893)
Industry	Yes	Yes	Yes
YEAR	Yes	Yes	Yes
Adj-R^2	0.347	0.350	0.347
F 值	198.62***	201.23***	198.76***
观测量/个	10035	10035	10035

注：()内表示 t 值；*、**、***分别表示在10%、5%和1%水平上显著；相关变量进行了上下1%缩尾。

3）股权制衡度与企业风险承担水平间关系的验证

表 4-6 描述的是在控制其他变量的情况下，股权制衡度与企业风险承担水平间关系的多元回归分析结果，本部分运用普通最小二乘法根据模型（5）来验证假设 7。CRT1（1）列表示对被解释变量 CRT1 的回归结果，该结果显示在控制其他影响企业风险承担水平因素的情况下，股权制衡度（Z2-10）对企业风险承担水平的回归系数为 0.015，且在 1%的水平上显著。CRT2（2）列表示对被解释变量 CRT2 的回归结果，该结果显示股权制衡度（Z2-10）对企业风险承担水平的回归系数为 0.015，且在 1%的水平上显著。CRT3（3）列表示对被解释变量 CRT3 的回归结果，该结果显示股权制衡度（Z2-10）对企业风险承担水平的回归系数分

别为 0.035，且在 1%的水平上显著。上述回归系数符号与预期符号一致，检验结果均表明股权制衡度的提高有利于减少企业代理问题，约束管理层或大股东为获取私有收益而放弃风险较高但净现值为正的投资项目行为的发生，进而提高企业风险承担水平，股权制衡度与企业风险承担水平显著正相关，假设 7 得到了验证。控制变量对企业风险承担水平的影响与 3.3.3 节分析一致。

表 4-6 股权制衡度与企业风险承担水平

	CRT1 （1）	CRT2 （2）	CRT3 （3）
常数项	0.136***	0.141***	0.347***
	(18.718)	(19.657)	(19.959)
Z2-10	0.015***	0.015***	0.035***
	(6.036)	(6.118)	(5.923)
Size	−0.006***	−0.006***	−0.014***
	(−17.547)	(−18.478)	(−18.627)
Lev	0.026***	0.025***	0.064***
	(16.813)	(16.923)	(17.428)
ROA	−0.169***	−0.166***	−0.394***
	(−34.601)	(−34.611)	(−33.734)
Tobin'Q	0.005***	0.005***	0.012***
	(17.320)	(16.876)	(16.394)
Tang	0.006***	0.005***	0.013***
	(3.296)	(3.111)	(3.180)
Age	0.005***	0.005***	0.013***
	(7.087)	(7.167)	(7.230)
Industry	Yes	Yes	Yes
YEAR	Yes	Yes	Yes
Adj-R^2	0.347	0.350	0.347
F 值	206.24	209.04	206.20
观测量/个	10035	10035	10035

注：（）内表示 t 值；*、**、***分别表示在 10%、5%和 1%水平上显著；相关变量进行了上下 1%缩尾。

4）机构投资者与企业风险承担水平间关系的验证

表 4-7 描述的是在控制其他变量的情况下，机构投资者与企业风险承担水平间关系的多元回归分析结果，本部分运用普通最小二乘法根据模型（5）来验证假设 8。CRT1（1）列表示对被解释变量 CRT1 的回归结果，该结果显示在控制其他影响企业风险承担水平因素的情况下，机构投资者（Institution）对企业风险承担水平的回归系数为 0.007，且在 1%的水平上显著。CRT2（2）列表示对被解释变量 CRT2 的回归结果，该结果显示机构投资者（Institution）对企业风险承担水平的回归系数为 0.006，且在 5%的水平上显著。CRT3（3）列表示对被解释变量 CRT3 的回归结果，该结果显示机构投资者（Institution）对企业风险承担水平的回归系数分别为 0.017，且在 1%的水平上显著。上述回归系数符号与预期符号一致，检验结果均表明机构投资者在我国资本市场上扮演着积极的治理角色，机构投资者充分利用了其信息和专业优势发挥了重要监督职能，促使管理层与控制性大股东减少风险规避行为，提高企业风险承担水平，机构投资者持股比例与企业风险承担水平显著正相关，假设 8 得到了验证。控制变量对企业风险承担水平的影响与 3.3.3 节分析一致。

表 4-7 机构投资者与企业风险承担水平

	CRT1 （1）	CRT2 （2）	CRT3 （3）
常数项	0.135***	0.140***	0.348***
	(16.971)	(17.827)	(18.235)
Institution	0.007***	0.006**	0.017***
	(2.744)	(2.501)	(2.667)

续表

	CRT1 （1）	CRT2 （2）	CRT3 （3）
Size	−0.005***	−0.005***	−0.013***
	(−14.992)	(−15.812)	(−16.078)
Lev	0.021***	0.021***	0.052***
	(11.757)	(11.727)	(12.234)
ROA	−0.158***	−0.157***	−0.368***
	(−26.707)	(−26.896)	(−25.991)
Tobin'Q	0.005***	0.005***	0.012***
	(14.921)	(14.539)	(13.909)
Tang	0.006***	0.006***	0.014***
	(3.180)	(2.999)	(3.118)
Age	0.005***	0.005***	0.013***
	(6.180)	(6.199)	(6.337)
Industry	Yes	Yes	Yes
YEAR	Yes	Yes	Yes
Adj-R^2	0.287	0.291	0.287
F 值	121.17***	123.05***	121.23***
观测量/值	7753	7753	7753

注：（）内表示 t 值；*、**、***分别表示在10%、5%和1%水平上显著；相关变量进行了上下1%缩尾。

5）股权性质与企业风险承担水平间关系的验证

表 4-8 描述的是在控制其他变量的情况下，股权性质与企业风险承担水平间关系的多元回归分析结果，本部分运用普通最小二乘法根据模型（5）来验证假设 9。CRT1（1）列表示对被解释变量 CRT1 的回归结果，该结果显示在控制其他影响企业风险承担水平因素的情况下，股权性质（State）对企业风险承担水平的回归系数为-0.005，且在 1%的水平上显著。CRT2（2）列表示对被解释变量 CRT2 的回归结果，该结果显示股权性质（State）对企业风险承担水平的回归系数为-0.005，且在 1%的

水平上显著。CRT3（3）列表示对被解释变量 CRT3 的回归结果，该结果显示股权性质（State）对企业风险承担水平的回归系数为-0.013，且在 1%的水平上显著。上述回归系数符号与预期符号一致，检验结果均表明股权性质（国有产权）与企业风险承担水平显著负相关，与非国有产权相比，国有产权抑制了企业投资决策中的风险承担倾向，促使管理层选择更稳健的投资策略，并且只选择具有较低风险的投资机会，而放弃了部分风险较高但有利于企业价值增加的项目，国有产权企业投资决策中的保守程度相对较高，假设 9 得到验证。控制变量对企业风险承担水平的影响与 3.3.3 节分析一致。

表 4-8 股权性质与企业风险承担水平

	CRT1 （1）	CRT2 （2）	CRT3 （3）
常数项	0.136***	0.141***	0.346***
	(18.904)	(19.867)	(20.104)
State	−0.005***	−0.005***	−0.013***
	(−8.299)	(−8.289)	(−8.606)
Size	−0.005***	−0.005***	−0.013***
	(−16.323)	(−17.252)	(−17.324)
Lev	0.025***	0.025***	0.063***
	(16.627)	(16.743)	(17.216)
ROA	−0.169***	−0.166***	−0.394***
	(−34.664)	(−34.666)	(−33.825)
Tobin'Q	0.005***	0.005***	0.012***
	(17.102)	(16.660)	(16.161)
Tang	0.007***	0.006***	0.015***
	(3.802)	(3.614)	(3.718)
Age	0.005***	0.005***	0.013***
	(6.677)	(6.746)	(6.854)
Industry	Yes	Yes	Yes
YEAR	Yes	Yes	Yes

续表

	CRT1 （1）	CRT2 （2）	CRT3 （3）
Adj-R^2	0.349	0.352	0.350
F 值	208.14***	210.89***	208.49***
观测量/个	10035	10035	10035

注：（）内表示 t 值；*、**、***分别表示在10%、5%和1%水平上显著；相关变量进行了上下1%缩尾。

4.3.4 拓展性分析

如第3章中所述，产权性质会影响各种治理机制作用的发挥。在不同的产权性质差异下，企业治理机制对企业风险承担水平的作用可能也是不同的。因此，本部分进一步拓展分析上述股权结构特征对企业风险承担水平的影响在国有产权性质企业与非国有产权性质企业间的差异。本部分前述检验结果表明股权结构对企业风险承担水平产生了显著的影响，接下来，将根据前述模型（5）分别验证上述股权结构特征在不同产权性质企业中是否存在差异，揭示产权性质的调节作用。

表4-9描述的是在控制其他变量的情况下，控制性大股东的出现（Presence）与企业风险承担水平间关系在不同产权性质企业中的多元回归分析结果。CRT1（1）列、CRT2（3）列和CRT3（5）列是在国有产权样本中，控制性大股东的出现（Presence）分别对被解释变量CRT1、CRT2和CRT3的回归检验结果。CRT1（2）列、CRT2（4）列和CRT3（6）列是在非国有产权样本中，控制性大股东的出现（Presence）分别对被解释变量CRT1、CRT2和CRT3的回归检验结果。对比上述两类样本企业的检验结果可以发现，在控制其他影响企业风险承担水平因素的情况下，

控制性大股东的出现（Presence）在两类样本中对企业风险承担水平均具有显著的负向影响，说明不管是在国有产权样本中，还是在非国有产权样本中，控制性大股东的出现恶化了企业代理问题，控制性大股东为了保护其控制权私有收益倾向于降低企业风险承担水平，控制性大股东的出现与企业风险承担水平显著负相关。控制变量对企业风险承担水平的影响与 3.3.3 节分析一致。

表 4-9 控制性大股东的出现与企业风险承担水平（Soe VS N-soe）

	CRT1 (1)	CRT1 (2)	CRT2 (3)	CRT2 (4)	CRT3 (5)	CRT3 (6)
	Soe	N-soe	Soe	N-soe	Soe	N-soe
常数项	0.097***	0.229***	0.102***	0.233***	0.249***	0.575***
	(11.459)	(15.747)	(12.267)	(16.233)	(12.383)	(16.517)
Presence	−0.002**	−0.003**	−0.003***	−0.002	−0.007***	−0.006*
	(−2.257)	(−1.977)	(−2.625)	(−1.524)	(−2.726)	(−1.762)
Size	−0.003***	−0.010***	−0.004***	−0.010***	−0.008***	−0.024***
	(−9.024)	(−14.719)	(−9.739)	(−15.271)	(−9.664)	(−15.510)
Lev	0.018***	0.034***	0.017***	0.034***	0.044***	0.085***
	(9.028)	(13.579)	(9.008)	(13.762)	(9.364)	(14.097)
ROA	−0.187***	−0.145***	−0.186***	−0.141***	−0.439***	−0.334***
	(−29.818)	(−18.414)	(−30.121)	(−18.118)	(−29.363)	(−17.650)
Tobin'Q	0.006***	0.003***	0.006***	0.003***	0.015***	0.007***
	(14.671)	(6.786)	(14.503)	(6.388)	(14.265)	(5.826)
Tang	0.010***	−0.002	0.010***	−0.001	0.023***	−0.001
	(5.204)	(−0.529)	(4.864)	(−0.318)	(4.898)	(−0.162)
Age	0.005***	0.004**	0.005***	0.004**	0.012***	0.009**
	(5.549)	(2.469)	(5.535)	(2.575)	(5.668)	(2.532)
Industry	Yes	Yes	Yes	Yes	Yes	Yes
YEAR	Yes	Yes	Yes	Yes	Yes	Yes
Adj-R^2	0.297	0.410	0.301	0.411	0.298	0.410
F 值	110.77	88.51	113.16	88.76	111.18	88.34
观测量/个	6759	3276	6759	3276	6759	3276

注：( ) 内表示 t 值；*、**、*** 分别表示在 10%、5% 和 1% 水平上显著；相关变量进行了上下 1% 缩尾。

表 4-10 描述的是在控制其他变量的情况下，股权集中度（CR1）与企业风险承担水平间的关系在不同产权性质企业中的多元回归分析结果。CRT1（1）列、CRT2（3）列和 CRT3（5）列是在国有产权样本中，股权集中度（CR1）分别对被解释变量 CRT1、CRT2 和 CRT3 的回归检验结果。CRT1（2）列、CRT2（4）列和 CRT3（6）列是在非国有产权样本中，股权集中度（CR1）分别对被解释变量 CRT1、CRT2 和 CRT3 的回归检验结果。对比上述两类样本企业的检验结果可以发现，在控制其他影响企业风险承担水平因素的情况下，股权集中度（CR1）与企业风险承担水平间的"U"形关系主要发生在国有样本中，而在非国有样本股权集中度（CR1）与企业风险承担水平间主要呈现出一种负向关系，股权集中度（CR1）二次方的系数虽然为正但并没有达到显著性水平。究其原因，通过分析"U"形关系的拐点可以发现，非国有样本的拐点在 60%左右，而股权集中度处于 60%以上的比例非常小（低于 10%），所以在非国有样本中并没有体现出显著的"U"形关系。控制变量对企业风险承担水平的影响与 3.3.3 节分析一致。

表 4-10　股权集中度与企业风险承担水平（Soe VS N-soe）

	CRT1 （1）	CRT1 （2）	CRT2 （3）	CRT2 （4）	CRT3 （5）	CRT3 （6）
	Soe	N-soe	Soe	N-soe	Soe	N-soe
常数项	0.106***	0.231***	0.110***	0.234***	0.269***	0.577***
	(11.922)	(15.461)	(12.601)	(15.888)	(12.706)	(16.138)
CR1	−0.038***	−0.040**	−0.039***	−0.034**	−0.094***	−0.083**
	(−3.617)	(−2.370)	(−3.708)	(−2.031)	(−3.719)	(−2.075)
CR1×CR1	0.049***	0.034	0.048***	0.027	0.116***	0.065
	(3.840)	(1.599)	(3.806)	(1.281)	(3.824)	(1.259)

续表

	CRT1 (1)	CRT1 (2)	CRT2 (3)	CRT2 (4)	CRT3 (5)	CRT3 (6)
	Soe	N-soe	Soe	N-soe	Soe	N-soe
Size	−0.004***	−0.009***	−0.004***	−0.010***	−0.009***	−0.023***
	(−9.456)	(−14.101)	(−10.013)	(−14.626)	(−9.950)	(−14.827)
Lev	0.018***	0.034***	0.018***	0.034***	0.044***	0.085***
	(9.226)	(13.648)	(9.163)	(13.851)	(9.518)	(14.190)
ROA	−0.187***	−0.143***	−0.186***	−0.139***	−0.439***	−0.329***
	(−29.866)	(−18.138)	(−30.146)	(−17.824)	(−29.395)	(−17.352)
Tobin'Q	0.006***	0.003***	0.006***	0.003***	0.015***	0.007***
	(14.479)	(6.596)	(14.334)	(6.188)	(14.101)	(5.626)
Tang	0.010***	−0.002	0.010***	−0.001	0.023***	−0.002
	(5.203)	(−0.595)	(4.857)	(−0.406)	(4.892)	(−0.250)
Age	0.005***	0.003**	0.005***	0.003**	0.013***	0.007**
	(5.799)	(2.002)	(5.730)	(2.114)	(5.876)	(2.044)
Industry	Yes	Yes	Yes	Yes	Yes	Yes
YEAR	Yes	Yes	Yes	Yes	Yes	Yes
Adj-R^2	0.298	0.412	0.302	0.412	0.298	0.411
F 值	107.18	85.86	109.36	86.09	107.43	85.75
观测量/个	6759	3276	6759	3276	6759	3276

注：( ) 内表示 t 值；*、**、***分别表示在10%、5%和1%水平上显著；相关变量进行了上下1%缩尾。

表 4-11 描述的是在控制其他变量的情况下，股权制衡度（Z2-10）与企业风险承担水平间关系在不同产权性质企业中的多元回归分析结果。CRT1（1）列、CRT2（3）列和 CRT3（5）列是在国有产权样本中，股权制衡度（Z2-10）分别对被解释变量 CRT1、CRT2 和 CRT3 的回归检验结果。CRT1（2）列、CRT2（4）列和 CRT3（6）列是在非国有产权样本中，股权制衡度（Z2-10）分别对被解释变量 CRT1、CRT2 和 CRT3 的回归检验结果。对比上述两类样本企业的检验结果可以发现，在控制其他影响企业风险承担水平因素的情况下，股权制衡度（Z2-10）在两类样本中对企业

风险承担水平均具有显著的正向影响。说明不管是在国有产权样本中，还是在非国有产权样本中，股权制衡度的提高均有利于减少企业代理问题，约束管理层或大股东为获取私有收益而放弃风险较高但净现值为正的投资项目行为的发生，进而提高企业风险承担水平，股权制衡度与企业风险承担水平正相关。控制变量对企业风险承担水平的影响与3.3.3节分析一致。

表4-11 股权制衡度与企业风险承担水平（Soe VS N-soe）

	CRT1（1）	CRT1（2）	CRT2（3）	CRT2（4）	CRT3（5）	CRT3（6）
	Soe	N-soe	Soe	N-soe	Soe	N-soe
常数项	0.091***	0.217***	0.096***	0.222***	0.235***	0.549***
	(10.751)	(14.844)	(11.484)	(15.361)	(11.627)	(15.629)
Z2-10	0.007**	0.020***	0.007***	0.019***	0.016**	0.047***
	(2.453)	(4.277)	(2.618)	(4.233)	(2.343)	(4.228)
Size	−0.003***	−0.009***	−0.003***	−0.010***	−0.008***	−0.024***
	(−8.796)	(−14.564)	(−9.496)	(−15.100)	(−9.443)	(−15.349)
Lev	0.017***	0.034***	0.017***	0.034***	0.042***	0.084***
	(8.764)	(13.426)	(8.723)	(13.635)	(9.096)	(13.958)
ROA	−0.189***	−0.149***	−0.188***	−0.144***	−0.443***	−0.342***
	(−30.060)	(−18.945)	(−30.389)	(−18.604)	(−29.614)	(−18.154)
Tobin'Q	0.006***	0.003***	0.006***	0.003***	0.015***	0.007***
	(14.792)	(6.668)	(14.643)	(6.236)	(14.415)	(5.691)
Tang	0.010***	−0.000	0.010***	0.000	0.023***	0.002
	(5.192)	(−0.065)	(4.851)	(0.114)	(4.885)	(0.285)
Age	0.005***	0.005***	0.005***	0.005***	0.013***	0.011***
	(6.040)	(3.173)	(6.079)	(3.253)	(6.186)	(3.219)
Industry	Yes	Yes	Yes	Yes	Yes	Yes
YEAR	Yes	Yes	Yes	Yes	Yes	Yes
Adj-R^2	0.297	0.413	0.301	0.413	0.298	0.412
F值	110.82	89.46	113.16	89.78	111.07	89.31
观测量/个	6759	3276	6759	3276	6759	3276

注：（）内表示t值；*、**、***分别表示在10%、5%和1%水平上显著；相关变量进行了上下1%缩尾。

表 4-12 描述的是在控制其他变量的情况下，机构投资者（Institution）与企业风险承担水平间的关系在不同产权性质企业中的多元回归分析结果。CRT1（1）列、CRT2（3）列和 CRT3（5）列是在国有产权样本中，机构投资者（Institution）分别对被解释变量 CRT1、CRT2 和 CRT3 的回归检验结果。CRT1（2）列、CRT2（4）列和 CRT3（6）列是在非国有产权样本中，机构投资者（Institution）分别对被解释变量 CRT1、CRT2 和 CRT3 的回归检验结果。对比上述两类样本企业的检验结果可以发现，在控制其他影响企业风险承担水平因素的情况下，机构投资者（Institution）对企业风险承担水平的正向影响在国有产权样本中非常显著（1%的显著性水平），而在非国有产权样本中，上述影响并不显著；说明相对而言，在国有产权样本中，机构投资者更能发挥监督治理作用，提高企业风险承担水平。控制变量对企业风险承担水平的影响与 3.3.3 节分析一致。

表 4-12 机构投资者与企业风险承担水平（Soe VS N-soe）

	CRT1 (1)	CRT1 (2)	CRT2 (3)	CRT2 (4)	CRT3 (5)	CRT3 (6)
	Soe	N-soe	Soe	N-soe	Soe	N-soe
常数项	0.093***	0.218***	0.098***	0.222***	0.243***	0.550***
	(10.121)	(12.945)	(10.824)	(13.373)	(11.104)	(13.676)
Institution	0.011***	−0.004	0.010***	−0.004	0.025***	−0.007
	(3.906)	(−0.638)	(3.648)	(−0.624)	(3.762)	(−0.449)
Size	−0.003***	−0.009***	−0.003***	−0.009***	−0.008***	−0.023***
	(−7.728)	(−12.254)	(−8.370)	(−12.714)	(−8.475)	(−13.011)
Lev	0.015***	0.025***	0.015***	0.025***	0.038***	0.061***
	(6.987)	(7.733)	(6.929)	(7.797)	(7.353)	(8.062)
ROA	−0.177***	−0.132***	−0.177***	−0.129***	−0.418***	−0.299***
	(−24.554)	(−12.783)	(−24.923)	(−12.651)	(−24.192)	(−12.081)
Tobin'Q	0.006***	0.003***	0.006***	0.003***	0.015***	0.006***

续表

	CRT1 (1) Soe	CRT1 (2) N-soe	CRT2 (3) Soe	CRT2 (4) N-soe	CRT3 (5) Soe	CRT3 (6) N-soe
	(13.805)	(5.357)	(13.753)	(4.883)	(13.378)	(4.336)
Tang	0.008***	0.001	0.008***	0.002	0.019***	0.005
	(3.936)	(0.167)	(3.587)	(0.406)	(3.701)	(0.541)
Age	0.005***	0.007***	0.005***	0.007***	0.011***	0.016***
	(4.963)	(3.989)	(4.917)	(4.078)	(4.977)	(4.206)
Industry	Yes	Yes	Yes	Yes	Yes	Yes
YEAR	Yes	Yes	Yes	Yes	Yes	Yes
Adj-R^2	0.257	0.350	0.262	0.351	0.259	0.349
F 值	73.59	48.50	75.36	48.59	74.21	48.24
观测量/个	5460	2293	5460	2293	5460	2293

注：（）内表示 t 值；*、**、***分别表示在10%、5%和1%水平上显著；相关变量进行了上下1%缩尾。

4.3.5 稳健性检验

为避免在计算风险承担时观测周期不同所可能导致的影响差异，以3年为一个观测周期，重新计算企业风险承担指标（CRT1、CRT2、CRT3）。以3年为一个观测周期能够增加2年的样本观测量，使得样本观测量增加为12508个，具体样本分布情况与第3章中3年期样本一致。

利用上述样本，运用普通最小二乘法根据模型（5）来验证假设5～假设9，重复本书上述检验过程，稳健性检验的多元回归分析结果如表4-13（被解释变量为CRT1）、表4-14（被解释变量为CRT2）和表4-15（被解释变量为CRT3）所示。稳健性检验的结果表明在控制其他影响企业风险承担水平因素的情况下，控制性大股东的出现显著降低了企业风险承担水平,股权集中度与企业风险承担水平呈现"U"形关系。机构投资者在我国资本市场上扮演着重要的企业治理角色,提高了企业风险承担水平;与非国有股权性质相比,国有股权性质降低了企业风险承担水平,本部分所提研究假设仍然成立。

表4-13 股权结构与企业风险承担水平(被解释变量为CRT1)

	CRT1 (1)	CRT1 (2)	CRT1 (3)	CRT1 (4)	CRT1 (5)
常数项	0.135***	0.145***	0.128***	0.123***	0.127***
	(20.539)	(21.215)	(19.292)	(17.396)	(19.184)
Presence	−0.003***				
	(−3.683)				
CR1		−0.053***			
		(−6.615)			
CR1×CR1		0.064***			
		(6.552)			
Z2-10			0.011***		
			(5.031)		
Institution				0.006**	
				(2.538)	
State					−0.004***
					(−7.336)
Size	−0.005***	−0.006***	−0.005***	−0.005***	−0.005***
	(−18.796)	(−18.815)	(−18.531)	(−15.486)	(−17.239)
Lev	0.022***	0.022***	0.021***	0.017***	0.021***
	(15.689)	(15.806)	(15.256)	(10.802)	(15.099)
ROA	−0.201***	−0.202***	−0.204***	−0.191***	−0.204***
	(−44.089)	(−44.140)	(−44.821)	(−36.111)	(−44.833)
Tobin'Q	0.005***	0.005***	0.005***	0.006***	0.005***
	(19.318)	(18.868)	(19.581)	(18.473)	(19.421)
Tang	0.006***	0.006***	0.006***	0.005***	0.007***

续表

	CRT1 （1）	CRT1 （2）	CRT1 （3）	CRT1 （4）	CRT1 （5）
	(3.616)	(3.702)	(3.798)	(3.053)	(4.278)
Age	0.003***	0.003***	0.004***	0.003***	0.003***
	(4.243)	(4.318)	(5.147)	(3.894)	(5.006)
Industry	Yes	Yes	Yes	Yes	Yes
YEAR	Yes	Yes	Yes	Yes	Yes
Adj-R^2	0.351	0.353	0.353	0.305	0.354
F 值	242.97***	236.19***	244.34***	155.69***	245.19***
观测量/个	12508	12508	12508	9889	12508

注：（）内表示 t 值；*、**、***分别表示在10%、5%和1%水平上显著；相关变量进行了上下1%缩尾。

表 4-14 股权结构与企业风险承担水平（被解释变量为 CRT2）

	CRT2 （1）	CRT2 （2）	CRT2 （3）	CRT2 （4）	CRT2 （5）
常数项	0.138***	0.148***	0.131***	0.126***	0.130***
	(21.265)	(21.819)	(20.020)	(18.026)	(19.900)
Presence	-0.003***				
	(-3.609)				
CR1		-0.051***			
		(-6.464)			
CR1×CR1		0.061***			
		(6.314)			
Z2-10			0.011***		
			(5.010)		
Institution				0.005**	
				(2.202)	
State					-0.004***
					(-7.439)
Size	-0.006***	-0.006***	-0.006***	-0.005***	-0.005***
	(-19.472)	(-19.351)	(-19.204)	(-16.035)	(-17.882)
Lev	0.022***	0.022***	0.021***	0.017***	0.021***
	(15.792)	(15.889)	(15.361)	(10.731)	(15.199)

续表

	CRT2 （1）	CRT2 （2）	CRT2 （3）	CRT2 （4）	CRT2 （5）
ROA	−0.199***	−0.199***	−0.202***	−0.190***	−0.202***
	(−44.106)	(−44.128)	(−44.828)	(−36.239)	(−44.853)
Tobin'Q	0.005***	0.005***	0.005***	0.005***	0.005***
	(19.082)	(18.639)	(19.338)	(18.280)	(19.173)
Tang	0.005***	0.005***	0.005***	0.005***	0.006***
	(3.192)	(3.275)	(3.371)	(2.705)	(3.862)
Age	0.003***	0.003***	0.004***	0.003***	0.003***
	(4.219)	(4.238)	(5.115)	(3.827)	(4.984)
Industry	Yes	Yes	Yes	Yes	Yes
YEAR	Yes	Yes	Yes	Yes	Yes
Adj-R^2	0.353	0.355	0.355	0.306	0.355
F 值	244.96***	238.03***	246.32***	156.92***	247.30***
观测量/个	12508	12508	12508	9889	12508

注：（ ）内表示 t 值；*、**、***分别表示在 10%、5% 和 1% 水平上显著；相关变量进行了上下 1% 缩尾。

表 4-15 股权结构与企业风险承担水平（被解释变量为 CRT3）

	CRT3 （1）	CRT3 （2）	CRT3 （3）	CRT3 （4）	CRT3 （5）
常数项	0.261***	0.279***	0.248***	0.237***	0.245***
	(21.416)	(21.979)	(20.169)	(18.110)	(20.025)
Presence	−0.005***				
	(−3.769)				
CR1		−0.097***			
		(−6.582)			
CR1×CR1		0.116***			
		(6.423)			
Z2-10			0.020***		
			(4.925)		
Institution				0.009**	
				(2.202)	

续表

	CRT3 （1）	CRT3 （2）	CRT3 （3）	CRT3 （4）	CRT3 （5）
State					−0.008***
					(−7.539)
Size	−0.011***	−0.011***	−0.010***	−0.009***	−0.010***
	(−19.559)	(−19.442)	(−19.304)	(−16.082)	(−17.956)
Lev	0.041***	0.042***	0.040***	0.032***	0.040***
	(15.992)	(16.087)	(15.560)	(10.839)	(15.388)
ROA	−0.370***	−0.370***	−0.375***	−0.351***	−0.375***
	(−43.567)	(−43.594)	(−44.288)	(−35.768)	(−44.329)
Tobin'Q	0.010***	0.009***	0.010***	0.010***	0.010***
	(18.812)	(18.371)	(19.082)	(18.070)	(18.913)
Tang	0.010***	0.010***	0.010***	0.009***	0.012***
	(3.326)	(3.412)	(3.505)	(2.838)	(4.007)
Age	0.005***	0.005***	0.007***	0.005***	0.006***
	(4.252)	(4.274)	(5.147)	(3.881)	(5.035)
Industry	Yes	Yes	Yes	Yes	Yes
YEAR	Yes	Yes	Yes	Yes	Yes
Adj-R^2	0.352	0.353	0.353	0.304	0.354
F 值	243.34***	236.48***	244.56***	155.48***	245.69***
观测量/个	12508	12508	12508	9889	12508

注：（）内表示 t 值；*、**、***分别表示在10%、5%和1%水平上显著；相关变量进行了上下1%缩尾。

4.4 控制性大股东、股权集中度与股权制衡度、机构投资者和股权性质影响分析总结

本部分以我国沪、深两市 2004—2016 年上市公司为研究对象，从是否存在控制性大股东、股权集中度、股权制衡度、机构投资者和股权性

质几个层面深入研究了股权结构对企业风险承担水平的影响，并在此基础上进一步检验了上述影响在国有产权样本与非国有产权样本间的差异。

本部分研究结果表明：控制性大股东的出现恶化了企业代理问题，控制性大股东为保护其控制权私有收益倾向于降低企业风险承担水平。控制性大股东对企业风险承担水平的负向影响在两类产权样本中均很显著；在国有产权样本中，股权集中度与企业风险承担呈现"U"形关系。当大股东股权上升时，为获取控制权私有收益，大股东有动机追求比较稳健的低风险投资项目来确保私有收益，而当股权进一步增大时，大股东的利益与企业利益趋于一致，其有动机通过风险承担项目来提升企业价值以获取长远利益。而在非国有产权样本中，由于股权集中度相对较低，达到"U"形关系拐点的企业样本观测量较少，非国有产权样本股权集中度与企业风险承担水平间主要呈现负相关关系；股权制衡度的提高有利于减少企业代理问题，约束管理层或大股东为获取私有收益而放弃风险较高但净现值为正的投资项目的行为，进而提高企业风险承担水平。股权制衡度对企业风险承担水平的促进作用在两类产权样本中均很明显；机构投资者充分利用其信息和专业优势发挥了重要的监督职能，促使管理层与控制性大股东减少风险规避行为，提高企业风险承担水平，且机构投资者的上述监督治理作用在国有企业中更为明显；与非国有股权企业相比，国有股权企业投资决策中的保守程度相对较高，国有股权抑制了企业投资决策中的风险承担倾向，促使管理层选择更稳健的投资策略，国有股权企业具有相对较低的风险承担水平。股权结构作为企业治理的主体，对企业风险承担具有重要的决定作用。

风险承担：
现代企业发展之道

本部分研究表明应进一步完善股权结构，在大股东方面减少"一股独大"现象的出现，适当增加股权制衡度，增强其他大股东对控制性大股东的监督和制衡能力。与西方发达国家相比，我国资本市场机构投资者总体规模和数量仍然比较小，应积极培育机构投资者，壮大专业型机构投资者队伍，保证机构投资者质量，发挥其监督治理功能，引导其树立成熟理性的价值投资理念。国有企业是我国国民经济的主体，在整个国民经济中占有非常重要的地位，并占有大量社会资源，但整体活性不够、风险承担水平不高，这不利于我国国民经济的整体健康持续发展。要为进一步深化国有企业产权改革，不断完善国有企业薪酬、人事、晋升与激励制度，增强国有企业对风险性项目的投资，适当提高其风险承担水平。同时，也要考虑从产权制度入手，引入民营股份，这也为当前进行的"混合所有制改革"提供了支持。

5

董事会特征对企业风险承担的影响

5.1 董事会独立性、规模和兼任情况影响分析

在企业治理结构中,董事会是连接企业股东和经理层的纽带,是企业治理结构中委托代理链条上的重要一环,处于企业治理的核心地位。董事会在企业治理中扮演着十分重要的角色,承担着企业重要决策制定与执行监督的重要职能,董事会治理的质量也必然影响着企业的风险承担水平(Boyer and Tennyson,2015;Zhou and Li,2016)。董事会制度是一种保护投资者利益、权衡各方利益关系的制度安排,它是由股东大会选举出来的,并由若干名董事构成的一个经营决策权力机关,许多企业重大决策都是由董事会做出的。董事会是一种解决企业股东与管理层之间代理问题的治理机制,完善的董事会治理结构可以有效地控制和监督企业管理层,防止其滥用职权,能够在股东和企业管理层之间进行有效的沟通和协调,降低二者之间的委托代理问题。Fama 和 Jensen(1983)认为董事会是监督经理层并对其进行评价和控制的最优机构,扮演着十分重要的企业治理角色。因此,董事会治理有效性直接关系着企业价值和广大企业股东的利益得失,对董事会治理问题的研究一直是国内和国外企业治理领域的研究热点。因此,本部分基于董事会治理的视角主要从董事会独立性、董事会规模和董事会成员兼任等几个方面来阐述董事会特征对企业风险承担的影响。

5.1.1 董事会独立性影响分析

董事会独立性是衡量企业董事会效率的重要指标,只有确保董事会的独立性和客观性,才能保证其对企业管理层有效的监督和高质量的决策。董事会独立性通常与独立董事紧密相关;独立董事比例(独立董事占董事会成员的比例)通常被学术界看成是衡量董事会独立性的指标,独立董事比例越高表明企业董事会独立性就越强。独立董事是指不在企业担任除独立董事以外的其他职务,与企业及其主要股东(或管理层)不存在可能妨碍独立客观判断关系的董事。独立董事大都是拥有丰富经验的专业人士,它们能够帮助企业做出更合理的决策和方案,更可能考虑中小股东利益,监督经营者的行为,维护企业利益。独立董事拥有一个与企业相对独立的身份,不受其他董事或企业管理层的操控,其重要作用之一就是履行监督职能,董事会的独立性被认为是决定董事会治理效率的关键。独立董事制度是提高董事会独立性,保证董事会运作的公正性和透明性,从而在一定程度上维护和保障股东权益的一种制度安排(Fama 和 Jensen,1983)。在我国,有关独立董事的法律法规也逐渐建立起来,中国证券监督管理委员会于 2001 年发布《关于在上市公司建立独立董事制度的指导意见》,标志着独立董事制度在我国的正式建立,该指导意见明确要求独立董事占上市公司董事会人数的比例应不低于 1/3,并强调独立董事在企业决策过程中应起到预防和防止大股东损害中小股东利益的职责。2005 年,全国人民代表大会常务委员会审计修订的《企业法》要求所有上市公司均要执行独立董事相关标准。随着独立董事制度的完善，我国大多数上市公司也为满足中国证券监督管理委员会的要求，逐步引入了独立董事制度，建立了符合中国证券监督管理委员会要求的独立董事人数和比例机制。但相比北美国家绝大多数超过70%的独立董事比例而言，我国独立董事制度与作用的发挥仍有较大提升空间。

Fama和Jensen（1983）指出，独立董事被授权以选择、监督、考核、奖惩企业的经理层，维护股东的权益，降低经理层与股东之间的利益冲突。由于独立董事与企业没有关联，能够更客观有效地行使董事职能，降低企业经理层与董事合谋的可能性。同时，独立董事基于其广阔的背景知识也能够提供多角度的建议，协助企业管理层规划和执行企业发展战略。独立董事制度的建立能够提高董事会决策的客观性、独立性和专业性，有助于提高企业风险承担意愿（关伯明和邓荣霖，2015）。叶康涛等（2011）发现独立董事为维护其在独立董事市场上的声誉，具有强烈的监督管理层行为的动机。杨典（2013）也发现独立董事为树立其良好的威望，也会主动监督企业管理者。Yermack（2004）研究发现由于企业独立董事的人力资本没有全部集中于企业，与企业管理层或执行董事相比，独立董事对企业风险的厌恶程度相对较低。因而，独立董事比例越高，越能增强董事会的独立性，促进企业治理机制的完善。独立董事有效地行使权力来监督管理层，进而降低管理层由于代理问题而不愿采纳风险承担行为的可能性。

但同时，也有部分学者对独立董事在我国资本市场上所能发挥的作用产生质疑，认为上市公司建立独立董事制度的目的仅仅是为满足中国证券监督管理委员会的要求，独立董事不"独立"、不"懂事"的问题仍比较突出，独立董事比例的高低并不代表董事会独立性的实质，董事会的有效性不在于形式上是否独立，而在于集体决策的价值取向和独立运作实质（王斌和汪丽霞，2005）。目前，国内现有文献对我国上市公司引入独立董事制度实际效果的研究也没有一致结论。尽管如此，本书仍先提出如下假设。

假设10：董事会独立性与企业风险承担水平呈现正相关关系。

5.1.2 董事会规模影响分析

在履行监督职能方面，由于搭便车问题和协调成本的增加，董事会规模的扩大并不能提高其监督效率（Linck et al，2008）。基于社会心理学的群体决策理论，认为由于极端决策可能带来潜在的不利后果，规模较大的群体对于极端决策更难达成一致，会对风险承担决策造成负面影响（Kogan and Wallach，1964）。这是由于出于对潜在风险的规避，要想说服一大群人接受不确定性高风险决策较为困难，而相对谨慎的决策则更容易获得群体的认可（关伯明和邓荣霖，2015）。Kogan 和 Wallach（1964）认为决策者人数的增加需要花费更大的努力和更多的时间达成一致意见，最终决策结果会表现为相对较多的妥协和较少的极端情况，进而会降低他们的风险偏好，规模较大的群体会表现出更加中庸（温和）的决策。Adams 和 Ferreira（2010）对比了群体和个人的赌注行为，发现群体的赌注更可能聚集在历史均值水平上，而个人的赌注则表现出相对于均值更大的偏离，而赌注分布的离散程度也会随着群体规模的增大而降低。Sah 和 Stiglitz（1991）认为在规模较大的群体中会带来多元化的意见，个体判断的异质性和沟通成本的增大导致极端决策更难达成一致，因而高风险性项目更难被群体接受，并将上述现象进行总结：群体决策最终表现为每个个体多元化观点的折中方案，大规模群体的决策会表现为较低的离散性与风险性。

董事会的基本功能是决策（谢志华 等，2011），许多重要的企业决策都是在董事会上通过的。根据上述群体决策理论，规模较大的董事会可能会倾向于选择风险相对较小的投资项目，回避风险承担行为，不利于极端风险型决策的通过（苏坤，2016）。Jensen（1993）认为如果董事会规模较大，较高的沟通与协调成本将使得企业更难召开董事会会议或达成相对统一的一致意见，董事会更难有效地发挥作用，董事会规模越大，其效率就越低，由董事会规模所带来的沟通、协调问题也就更为突出，并会降低企业极端决策通过的可能性。Cheng（2008）发现规模较大的董事会需要采用更为折中的方案来达成一致，很难做出极端决策，其企业绩效波动性也更低，并购活动的可能性也随之降低。Wang（2012）发现较小规模的董事会更能促使 CEO 承担风险，进行更多的风险性投资。Nakano 和 Nguyen（2012）发现日本企业的董事会规模越大，越倾向于采纳非极端的投资决策，并且这种关系受成长机会的影响。Koerniadi 等（2014）也为大规模董事会在回避极端决策方面的研究提供了进一步的证据。Huang 和 Wang（2015）发现小规模董事会企业具备更大的企业绩效挥发性、更高的管理层薪酬绩效敏感性，更倾向于追求风险型投资政策，以及更频繁的盈余管理行为。我国学者李胜楠和牛建波（2009）也发现我国上市公司大型董事会不仅降低了决策速度，还会缓和企业极端决策，能够降低企业业绩波动性。综上所述，由于任何决策都必须经由群体其他成员认可才能被接受，而高风险性决策很难得到其他成员的一致认同，规模较大的董事会更可能否决高风险承担性质的决策。在此基础上，提出如下假设。

假设 11：董事会规模与企业风险承担水平呈现负相关关系。

5.1.3 董事会成员兼任影响分析

董事会成员在不同的企业兼任董事的现象越来越普遍，这样的董事被称为"繁忙董事"，日渐成为企业治理中的一种普遍现象。"繁忙董事"虽然能够在一定程度上给企业带来更多的信息、知识和资源等（Ferris et al, 2003），但由于其繁忙性，负面治理效果也越来越多地被验证（彭凯等，2018）。针对"繁忙董事"导致董事不尽责的问题，中国证券监督管理委员会也于 2014 年颁布《上市公司独立董事履职指引》，规定原则上独立董事最多在 5 家上市公司兼任独立董事。董事在外任职过多会导致企业治理水平降低和负向累计收益（业绩）（Fich and Shivdasani, 2006; Feldman, 2016），增加其盈余管理活动发生的可能性（Chiu et al, 2013）及董事会与 CEO 合谋的概率（杨青 等，2011），严重影响其相应监督职能的发挥（Fracassi, 2012）。因此，本研究基于代理理论的视角，认为董事会成员在其他企业兼任必然会分散其精力，造成其对企业履职的不尽责，增加企业代理成本，进而降低企业风险承担水平。在此基础上，提出如下假设。

假设12：董事会成员兼任比例与企业风险承担水平呈现负相关关系。

5.2 研究设计

5.2.1 变量设计

1）被解释变量设计

本部分的被解释变量是对企业风险承担水平的衡量，其衡量方式与第3章中对企业风险承担水平的衡量一致。

2）解释变量设计

本部分的解释变量主要涉及对董事会独立性、董事会规模和兼任董事比例的衡量。

借鉴国内大多数文献对董事会独立性的衡量方式，使用独立董事比例来衡量董事会独立性，即用企业独立董事人数与企业总人数的比例来表示（Indep）。董事会规模是指董事会人数的多少，采用上市公司年末董事会人数的自然对数来衡量董事会规模（Bsize）。兼任董事比例（Other）是指董事会成员中在其他企业同时兼任董事的人数占董事会总人数的比例。

3）控制变量

控制变量的衡量方式与第3章中对控制变量的衡量方式一致。

5.2.2 样本与数据来源

本研究以我国沪、深两市 2004—2016 年 A 股上市公司为研究对象，并按照以下标准进行筛选。①剔除金融、保险类行业上市公司；②鉴于中小板和创业板的独特性，剔除中小板和创业板上市公司及当年上市的样本；③剔除在样本期间被特殊处理、特别转让的企业；④剔除相关变量具有极端值的样本，如所有者权益为负；⑤剔除资料不全或缺少相关数据资料的样本。如前所述，本书以 5 年为一个观测阶段，采用年度滚动的方式来计算企业风险承担水平，所以本书对于样本的筛选也是以 5 年为一个观测阶段来进行筛选的。经过上述筛选程序，本研究共得到 2004—2016 年 9934 个样本观测值，每个观测阶段的样本分布情况如表 5-1 所示。本研究对所有连续变量进行了上下 1%的 Winsorize（缩尾）处理以消除有关极端值的不利影响。本研究所用财务数据主要来源于中国股票市场交易数据库（CSMAR）及上市公司年报等。本研究的数据分析主要采用 STATA 12.0 软件。

表 5-1 每个观测阶段的样本分布情况

观测阶段	2004—2008年	2005—2009年	2006—2010年	2007—2011年	2008—2012年	2009—2013年	2010—2014年	2011—2015年	2012—2016年	合计
观测量/个	1066	1118	1111	1085	1076	1102	1092	1123	1161	9934

5.2.3 研究模型

采用如下模型运用多元回归分析法来分别依次检验本书所提假设。

$$CRT_{it}=\alpha_0 + \beta_1 X_{it} + \beta_2 Size_{it} + \beta_3 Lev_{it} + \beta_4 ROA_{it} + \beta_5 Tobin'Q_{it} + \\ \beta_6 Tang_{it} + \beta_7 Age_{it} + \beta_8 Industry_k + \beta_7 YEAR_k + \varepsilon_{it} \quad (6)$$

其中，CRT 表示企业风险承担，本书依次采用 CRT1、CRT2 和 CRT3 三种企业风险承担水平衡量方式；α_0 表示截距项；β 表示回归系数；ε 表示误差项；i 表示企业；t 表示时段；X_{it} 表示要检验的董事会特征相关变量。如果 β_1 的系数显著为正，则表明相关变量提高了企业风险承担水平，否则，相关变量降低了企业风险承担水平。

5.3 实证研究

5.3.1 描述性统计分析

描述性统计分析表如表 5-2 所示。从表 5-2 中可以看出，独立董事比例平均为 35.7%，刚刚满足中国证券监督管理委员会对上市公司董事会独立性的要求，且有部分上市公司还没有按照要求引入相应的独立董事；董事会规模（第一行为取对数之后的值，第二行为董事会人数）平均为 9.27 人，最小值仅为 3 人，最大值为 19 人，我国上市公司董事会人数存在着较大的差距。在董事会成员中，大约有 42.9%的董事至少在其他企业兼任一个职位，说明董事会成员在其他企业兼职的情况在我国上市公司中较为普遍的存在。其他变量的描述性统计结果与第 3 章内容一致。

表 5-2 描述性统计分析表

变量	观测量	均值	标准差	最小值	最大值
CRT1	9934	0.039	0.034	0.006	0.150
CRT2	9934	0.039	0.034	0.006	0.149

续表

变量	观测量	均值	标准差	最小值	最大值
CRT3	9934	0.095	0.082	0.014	0.366
Indep	9934	0.357	0.049	0.000	0.500
Bsize	9934	2.205	0.206	1.609	2.708
	9934	9.270	1.939	3.000	19.000
Other	9934	0.429	0.249	0.048	1.000
Size	9934	21.598	1.149	19.150	24.658
Lev	9934	0.537	0.209	0.105	1.111
ROA	9934	0.025	0.067	-0.237	0.159
Tobin'Q	9934	1.819	1.173	0.954	7.687
Tang	9934	0.284	0.187	0.003	0.722
Age	9934	2.346	0.441	0.693	3.126
	9934	10.347	4.155	1.000	21.778

5.3.2 相关性检验

本部分所研究各变量之间的 Pearson 相关性检验结果如表 5-3 所示，从该表可以看出，董事会独立性（Indep）与反映企业风险承担水平的三个指标（CRT1、CRT2 和 CRT3）之间的相关关系并不显著，没有验证前述假设 10；而董事会规模（Bsize）与反映企业风险承担水平的三个指标（CRT1、CRT2 和 CRT3）均在 1% 的水平上显著负相关，表明董事会规模越大，企业风险承担水平越低，初步验证了假设 11；表示董事会成员兼任比例的指标（Other）与表示企业风险承担水平的三个指标（CRT1、CRT2 和 CRT3）均在 1% 的水平上显著负相关，表明兼任董事比例越高，企业风险承担水平就越低，初步验证了假设 12。

控制变量与企业风险承担水平的关系与第 3 章中分析一致。在模型（6）中所涉及的各自变量之间，相关性系数绝对值整体较小，呈现弱相关关系，可以认为本书所建立各模型基本不存在多重共线性问题，可以同时放入一个模型进行多元回归分析。

风险承担：
现代企业发展之道

表 5-3　各变量之间的 Pearson 相关性检验表

	CRT1	CRT2	CRT3	Indep	Bsize	Other	Size	Lev	ROA	Tobin'Q	Tang	Age
CRT1	1.000											
CRT2	0.995***	1.000										
CRT3	0.989***	0.994***	1.000									
Indep	-0.013	-0.011	-0.010	1.000								
Bsize	-0.100***	-0.100***	-0.102***	-0.298***	1.000							
Other	-0.121***	-0.119***	-0.117***	0.031***	-0.021*	1.000						
Size	-0.356***	-0.362***	-0.361***	0.044***	0.234***	0.179***	1.000					
Lev	0.252***	0.252***	0.253***	0.007	0.004	-0.033***	0.111***	1.000				
ROA	-0.446***	-0.447***	-0.443***	0.016	0.073***	0.111***	0.238***	-0.402***	1.000			
Tobin'Q	0.204***	0.204***	0.200***	0.093***	-0.137***	-0.018*	-0.366***	-0.047***	0.057***	1.000		
Tang	0.060***	0.057***	0.057***	-0.086***	0.137***	-0.016	0.027**	0.000	-0.082***	-0.105***	1.000	
Age	0.028***	0.030***	0.029***	0.094***	-0.151***	-0.012	0.081***	0.128***	-0.032***	0.203***	-0.148***	1.000

注：***，** 和 * 分别表示在 1%、5% 和 10% 水平上显著；相关变量进行了上下 1% 的缩尾。

5.3.3 多元回归分析

1）董事会独立性与企业风险承担水平间关系的验证

表 5-4 描述的是在控制其他变量的情况下，董事会独立性与企业风险承担间关系的多元回归分析结果，本部分运用普通最小二乘法根据模型（6）来验证假设 10。CRT1（1）列表示对被解释变量 CRT1 的回归结果，该结果显示在控制其他影响企业风险承担水平因素的情况下，董事会独立性（Indep）对企业风险承担水平的回归系数为 0.003，但并不显著。CRT2（2）列表示对被解释变量 CRT2 的回归结果，该结果显示董事会独立性（Indep）对企业风险承担水平的回归系数为 0.003，但并不显著。CRT3（3）列表示对被解释变量 CRT3 的回归结果，该结果显示董事会独立性（Indep）对企业风险承担水平的回归系数为 0.011，但并不显著。上述回归系数虽然与预期符号一致，但均没有通过显著性检验，检验结果表明我国上市公司引入独立董事制度仅仅是为满足中国证券监督管理委员会的要求，独立董事并不"独立"、不"懂事"，独立董事提高企业风险承担水平的作用并不明显。在控制了其他影响企业风险承担水平因素的情况下，董事会独立性（Indep）与企业风险承担水平的正相关关系没有通过显著性检验，假设 10 没有得到验证。这与 Chen（2011）及 Ferrero 等（2012）的研究结论是一致的，说明在世界范围内，董事会独立性的作用都还相对有限。控制变量对企业风险承担水平的影响与 3.3.3 节分析一致。

表 5-4 董事会独立性与企业风险承担水平

	CRT1 （1）	CRT2 （2）	CRT3 （3）
常数项	0.142***	0.147***	0.360***
	(19.087)	(19.963)	(20.182)
Indep	0.003	0.003	0.011
	(0.442)	(0.596)	(0.817)
Size	−0.006***	−0.006***	−0.015***
	(−18.027)	(−18.950)	(−19.080)
Lev	0.026***	0.026***	0.064***
	(16.799)	(16.877)	(17.317)
ROA	−0.168***	−0.166***	−0.392***
	(−33.856)	(−33.901)	(−33.047)
Tobin'Q	0.005***	0.005***	0.012***
	(17.349)	(16.910)	(16.382)
Tang	0.005***	0.005***	0.013***
	(3.145)	(2.967)	(3.045)
Age	0.005***	0.005***	0.012***
	(6.268)	(6.352)	(6.452)
Industry	Yes	Yes	Yes
YEAR	Yes	Yes	Yes
Adj-R^2	0.342	0.345	0.342
F 值	199.72***	202.53***	199.70***
观测量/个	9934	9934	9934

注：（）内表示 t 值；*、**、***分别表示在 10%、5%和 1%水平上显著；相关变量进行了上下 1%缩尾。

2）董事会规模与企业风险承担水平间关系的验证

表 5-5 描述的是在控制其他变量的情况下，董事会规模与企业风险承担水平间关系的多元回归分析结果，本部分运用普通最小二乘法根据模型（6）来验证假设 11。CRT1（1）列表示对被解释变量 CRT1 的回归结果，该结果显示在控制其他影响企业风险承担水平因素的情况下，董事会规模（Bsize）对企业风险承担水平的回归系数为-0.003，且在 10%

的水平上显著。CRT2（2）列表示对被解释变量 CRT2 的回归结果，该结果显示董事会规模（Bsize）对企业风险承担水平的回归系数为-0.002，且在10%的水平上显著。CRT3（3）列表示对被解释变量 CRT3 的回归结果，该结果显示董事会规模（Bsize）对企业风险承担水平的回归系数为-0.007，且在5%的水平上显著。上述回归系数符号与预期符号一致，检验结果均表明作为极端决策的风险承担行为很难在大规模董事会获得通过，董事会规模的扩大不利于企业风险承担水平的提高，董事会规模与企业风险承担水平显著负相关，假设11得到验证。控制变量对企业风险承担水平的影响与3.3.3节分析一致。

表5-5 董事会规模与企业风险承担水平

	CRT1 （1）	CRT2 （2）	CRT3 （3）
常数项	0.147***	0.151***	0.372***
	(19.778)	(20.632)	(20.999)
Bsize	-0.003*	-0.002*	-0.007**
	(-1.956)	(-1.679)	(-2.049)
Size	-0.006***	-0.006***	-0.014***
	(-17.173)	(-18.131)	(-18.174)
Lev	0.026***	0.026***	0.064***
	(16.805)	(16.880)	(17.322)
ROA	-0.168***	-0.165***	-0.391***
	(-33.824)	(-33.873)	(-33.016)
Tobin'Q	0.005***	0.005***	0.012***
	(17.410)	(16.972)	(16.458)
Tang	0.006***	0.005***	0.013***
	(3.257)	(3.053)	(3.146)
Age	0.005***	0.005***	0.012***
	(6.041)	(6.149)	(6.209)

续表

	CRT1 （1）	CRT2 （2）	CRT3 （3）
Industry	Yes	Yes	Yes
YEAR	Yes	Yes	Yes
Adj-R^2	0.342	0.346	0.342
F 值	199.93***	202.67***	199.91***
观测量/个	9934	9934	9934

注：（）内表示 t 值；*、**、*** 分别表示在 10%、5%和 1%水平上显著；相关变量进行了上下 1%缩尾。

3）董事会成员兼任与企业风险承担水平间关系的验证

表 5-6 描述的是在控制其他变量的情况下，董事会成员兼任与企业风险承担水平间关系的多元回归分析结果，本部分运用普通最小二乘法根据模型（6）来验证假设 12。CRT1（1）列表示对被解释变量 CRT1 的回归结果，该结果显示在控制其他影响企业风险承担水平因素的情况下，董事会成员兼任（Other）对企业风险承担水平的回归系数为-0.004，且在 1%的水平上显著。CRT2（2）列表示对被解释变量 CRT2 的回归结果，该结果显示董事会成员兼任（Other）对企业风险承担水平的回归系数为-0.004，且在 1%的水平上显著。CRT3（3）列表示对被解释变量 CRT3 的回归结果，该结果显示董事会成员兼任（Other）对企业风险承担水平的回归系数为-0.008，且在 1%的水平上显著。上述回归系数符号与预期符号一致，检验结果均表明董事会成员在其他企业任职分散了其精力，并可能会降低其履责水平，不利于其监督职能的发挥，"繁忙董事"增加了企业代理成本，董事会成员在其他企业任职不利于企业风险承担水平的提高，董事会成员兼任与企业风险承担水平显著负相关，假设 12 得到验证。控制变量对企业风险承担水平的影响与 3.3.3 节分析一致。

表 5-6 董事会成员兼任与企业风险承担水平

	CRT1 （1）	CRT2 （2）	CRT3 （3）
常数项	0.136***	0.142***	0.351***
	(17.446)	(18.461)	(18.764)
Other	−0.004***	−0.004***	−0.008***
	(−3.310)	(−2.940)	(−2.675)
Size	−0.005***	−0.006***	−0.014***
	(−15.597)	(−16.649)	(−16.813)
Lev	0.025***	0.025***	0.062***
	(14.987)	(15.140)	(15.398)
ROA	−0.168***	−0.166***	−0.395***
	(−31.187)	(−31.236)	(−30.489)
Tobin'Q	0.005***	0.005***	0.012***
	(15.950)	(15.490)	(14.909)
Tang	0.006***	0.005***	0.013***
	(3.024)	(2.912)	(2.885)
Age	0.005***	0.005***	0.012***
	(5.614)	(5.810)	(5.901)
Industry	Yes	Yes	Yes
YEAR	Yes	Yes	Yes
Adj-R^2	0.331	0.335	0.330
F 值	161.10***	163.84***	160.65***
观测量/个	9934	9934	9934

注：（ ）内表示 t 值；*、**、***分别表示在10%、5%和1%水平上显著；相关变量进行了上下1%缩尾。

5.3.4 拓展性分析

如第 3 章中所述，产权性质影响着各种治理机制作用的发挥。在不同的产权性质差异下，企业治理机制对企业风险承担水平的作用可能也是不同的。因此，本部分进一步拓展分析上述董事会特征对企业风险承担水平的影响在国有产权性质企业与非国有产权性质企业间的差异。本部分前述检验结果表明董事会特征对企业风险承担水平产生了显著影响，接下来，将根据前述模型（6）分别验证上述董事会特征在不同产权性质企业中是否存在差异，揭示产权性质的调节作用。

表 5-7 描述的是在控制其他变量的情况下，董事会独立性（Indep）与企业风险承担水平间的关系在不同产权性质企业中的多元回归分析结果。CRT1（1）列、CRT2（3）列和 CRT3（5）列是在国有产权样本中，董事会独立性（Indep）分别对被解释变量 CRT1、CRT2 和 CRT3 的回归检验结果。CRT1（2）列、CRT2（4）列和 CRT3（6）列是在非国有产权样本中，董事会独立性（Indep）分别对被解释变量 CRT1、CRT2 和 CRT3 的回归检验结果。对比上述两类样本企业的检验结果可以发现，在控制其他影响企业风险承担水平因素的情况下，董事会独立性（Indep）在两类样本中对企业风险承担水平的影响均不显著，独立董事提高企业风险承担水平的作用还没有发挥出来，与前文的验证结果相一致。控制变量对企业风险承担水平的影响与 3.3.3 节分析一致。

表 5-7 董事会独立性与企业风险承担水平（Soe VS N-soe）

	CRT1 （1）	CRT1 （2）	CRT2 （3）	CRT2 （4）	CRT3 （5）	CRT3 （6）
	Soe	N-soe	Soe	N-soe	Soe	N-soe
常数项	0.095***	0.226***	0.099***	0.230***	0.243***	0.566***
	(10.987)	(14.956)	(11.671)	(15.435)	(11.745)	(15.670)
Indep	−0.005	0.002	−0.004	0.003	−0.008	0.011
	(−0.765)	(0.226)	(−0.603)	(0.301)	(−0.467)	(0.440)
Size	−0.003***	−0.010***	−0.004***	−0.010***	−0.008***	−0.024***
	(−8.885)	(−14.685)	(−9.582)	(−15.215)	(−9.493)	(−15.475)

续表

	CRT1 （1）	CRT1 （2）	CRT2 （3）	CRT2 （4）	CRT3 （5）	CRT3 （6）
	Soe	N-soe	Soe	N-soe	Soe	N-soe
Lev	0.017***	0.034***	0.017***	0.034***	0.042***	0.084***
	(8.652)	(13.256)	(8.586)	(13.457)	(8.859)	(13.792)
ROA	−0.188***	−0.147***	−0.188***	−0.143***	−0.444***	−0.337***
	(−29.605)	(−18.429)	(−29.952)	(−18.119)	(−29.237)	(−17.627)
Tobin'Q	0.006***	0.003***	0.006***	0.003***	0.015***	0.007***
	(14.588)	(7.049)	(14.450)	(6.616)	(14.181)	(6.040)
Tang	0.010***	−0.001	0.010***	−0.000	0.023***	0.001
	(5.162)	(−0.295)	(4.827)	(−0.111)	(4.852)	(0.081)
Age	0.005***	0.004***	0.005***	0.004***	0.013***	0.009***
	(5.720)	(2.582)	(5.755)	(2.669)	(5.922)	(2.609)
Industry	Yes	Yes	Yes	Yes	Yes	Yes
YEAR	Yes	Yes	Yes	Yes	Yes	Yes
Adj-R^2	0.293	0.408	0.298	0.409	0.294	0.407
F 值	107.67	86.81	110.01	87.21	107.97	86.65
观测量/个	6690	3244	6690	3244	6690	3244

注：（）内表示 t 值；*、**、***分别表示在10%、5%和1%水平上显著；相关变量进行了上下1%缩尾。

表5-8描述的是在控制其他变量的情况下，董事会规模（Bsize）与企业风险承担水平间关系在不同产权性质企业中的多元回归分析结果。CRT1（1）列、CRT2（3）列和CRT3（5）列是在国有产权样本中，董事会规模（Bsize）分别对被解释变量CRT1、CRT2和CRT3的回归检验结果。CRT1（2）列、CRT2（4）列和CRT3（6）列是在非国有产权样本中，董事会规模（Bsize）分别对被解释变量CRT1、CRT2和CRT3的回归检验结果。对比上述两类样本企业的检验结果可以发现，在控制其他影响企业风险承担水平因素的情况下，可能由于样本观测量变小，董事会规模（Bsize）在两类样本中对企业风险承担水平的影响虽然为负，但并没有达到显著性水平。控制变量对企业风险承担水平的影响与3.3.3节分析一致。

表 5-8 董事会规模与企业风险承担水平（Soe VS N-soe）

	CRT1 （1）	CRT1 （2）	CRT2 （3）	CRT2 （4）	CRT3 （5）	CRT3 （6）
	Soe	N-soe	Soe	N-soe	Soe	N-soe
常数项	0.097***	0.227***	0.100***	0.232***	0.247***	0.576***
	(11.101)	(15.069)	(11.714)	(15.587)	(11.885)	(15.912)
Bsize	−0.002	−0.001	−0.002	−0.001	−0.005	−0.003
	(−1.359)	(−0.258)	(−0.949)	(−0.335)	(−1.200)	(−0.550)
Size	−0.003***	−0.010***	−0.003***	−0.010***	−0.008***	−0.024***
	(−8.415)	(−14.533)	(−9.179)	(−15.049)	(−9.032)	(−15.278)
Lev	0.017***	0.034***	0.017***	0.034***	0.042***	0.084***
	(8.656)	(13.259)	(8.589)	(13.461)	(8.862)	(13.797)
ROA	−0.188***	−0.147***	−0.187***	−0.143***	−0.443***	−0.337***
	(−29.575)	(−18.405)	(−29.929)	(−18.093)	(−29.214)	(−17.594)
Tobin'Q	0.006***	0.003***	0.006***	0.003***	0.015***	0.007***
	(14.612)	(7.080)	(14.465)	(6.652)	(14.203)	(6.084)
Tang	0.011***	−0.001	0.010***	−0.000	0.024***	0.001
	(5.237)	(−0.296)	(4.880)	(−0.113)	(4.915)	(0.082)
Age	0.005***	0.004**	0.005***	0.004***	0.013***	0.009**
	(5.581)	(2.534)	(5.651)	(2.611)	(5.790)	(2.527)
Industry	Yes	Yes	Yes	Yes	Yes	Yes
YEAR	Yes	Yes	Yes	Yes	Yes	Yes
Adj-R^2	0.293	0.408	0.298	0.409	0.294	0.407
F 值	107.74	86.81	110.04	87.21	108.04	86.66
观测量/个	6690	3244	6690	3244	6690	3244

注：（）内表示 t 值；*、**、***分别表示在 10%、5%和 1%水平上显著；相关变量进行了上下 1%缩尾。

表 5-9 描述的是在控制其他变量的情况下，董事会成员兼任（Other）与企业风险承担水平间关系在不同产权性质企业中的多元回归分析结果。CRT1（1）列、CRT2（3）列和 CRT3（5）列是在国有产权样本中，董事会成员兼任（Other）分别对被解释变量 CRT1、CRT2 和 CRT3 的回归检验结果。CRT1（2）列、CRT2（4）列和 CRT3（6）列是在非国

有产权样本中，董事会成员兼任（Other）分别对被解释变量 CRT1、CRT2 和 CRT3 的回归检验结果。对比上述两类样本企业的检验结果可以发现，在控制其他影响企业风险承担水平因素的情况下，董事会成员兼任（Other）对企业风险承担水平的负向影响主要体现在国有样本中，而在非国有样本中，上述关系虽然为负，但并没有达到显著性水平。控制变量对企业风险承担水平的影响与 3.3.3 节分析一致。

表 5-9 董事会成员兼任与企业风险承担水平（Soe VS N-soe）

	CRT1 (1)	CRT1 (2)	CRT2 (3)	CRT2 (4)	CRT3 (5)	CRT3 (6)
	Soe	N-soe	Soe	N-soe	Soe	N-soe
常数项	0.080***	0.230***	0.086***	0.235***	0.211***	0.585***
	(8.726)	(14.789)	(9.530)	(15.304)	(9.646)	(15.626)
Other	−0.005***	−0.002	−0.005***	−0.001	−0.011***	−0.001
	(−3.566)	(−0.785)	(−3.373)	(−0.427)	(−3.343)	(−0.093)
Size	−0.003***	−0.010***	−0.003***	−0.010***	−0.007***	−0.025***
	(−6.718)	(−13.898)	(−7.534)	(−14.461)	(−7.458)	(−14.767)
Lev	0.016***	0.033***	0.016***	0.033***	0.039***	0.083***
	(7.494)	(12.267)	(7.505)	(12.491)	(7.625)	(12.763)
ROA	−0.186***	−0.152***	−0.186***	−0.147***	−0.439***	−0.351***
	(−26.547)	(−17.705)	(−26.885)	(−17.436)	(−26.238)	(−17.037)
Tobin'Q	0.006***	0.003***	0.006***	0.003***	0.014***	0.007***
	(13.181)	(6.445)	(13.117)	(5.972)	(12.867)	(5.319)
Tang	0.011***	−0.001	0.010***	−0.001	0.024***	−0.001
	(4.910)	(−0.339)	(4.668)	(−0.170)	(4.608)	(−0.076)
Age	0.005***	0.004**	0.005***	0.004**	0.013***	0.009**
	(5.071)	(2.142)	(5.177)	(2.310)	(5.343)	(2.213)
Industry	Yes	Yes	Yes	Yes	Yes	Yes
YEAR	Yes	Yes	Yes	Yes	Yes	Yes
Adj-R^2	0.278	0.407	0.283	0.408	0.278	0.405
F 值	83.22	74.30	85.41	74.74	83.34	73.97
观测量/个	6690	3244	6690	3244	6690	3244

注：（ ）内表示 t 值；*、**、***分别表示在 10%、5% 和 1% 水平上显著；相关变量进行了上下 1% 缩尾。

5.3.5 稳健性检验

为避免在计算企业风险承担指标时因观测周期不同可能导致的影响差异，以 3 年为一个观测周期，重新计算企业风险承担指标（CRT1、CRT2、CRT3）。以 3 年为一个观测周期能够增加 2 年的样本观测量，使得样本观测量增加为 12407，具体样本分布情况如表 5-10 所示。

表 5-10 每个观测阶段的样本分布情况

观测阶段	2004—2006年	2005—2007年	2006—2008年	2007—2009年	2008—2010年	2009—2011年	2010—2012年	2011—2013年	2012—2014年	2013—2015年	2014—2016年	合计
观测量/个	1076	1128	1122	1092	1081	1106	1097	1127	1168	1206	1204	12407

利用上述样本，运用普通最小二乘法根据模型（6）来验证假设 10～假设 11，重复本书上述检验过程，董事会特征与企业风险承担水平如表 5-11 所示。稳健性检验的结果表明在控制其他影响企业风险承担水平因素的情况下，董事会独立性并没有对企业风险承担水平产生显著的影响，而董事会规模的增大则显著降低了企业风险承担水平，与前述假设检验结果相一致。

表 5-11 董事会特征与企业风险承担水平

	CRT1 (1)	CRT2 (2)	CRT3 (3)	CRT1 (4)	CRT2 (5)	CRT3 (6)
常数项	0.133***	0.136***	0.257***	0.136***	0.139***	0.262***
	(19.549)	(20.205)	(20.311)	(20.065)	(20.756)	(20.906)
Indep	−0.001	−0.001	−0.000			
	(−0.274)	(−0.151)	(−0.038)			

续表

	CRT1 （1）	CRT2 （2）	CRT3 （3）	CRT1 （4）	CRT2 （5）	CRT3 （6）
Bsize				-0.003**	-0.003**	-0.005**
				(-1.978)	(-1.975)	(-2.031)
Size	-0.005***	-0.006***	-0.011***	-0.005***	-0.005***	-0.010***
	(-18.822)	(-19.468)	(-19.566)	(-17.973)	(-18.602)	(-18.683)
Lev	0.022***	0.021***	0.041***	0.022***	0.021***	0.041***
	(15.346)	(15.395)	(15.599)	(15.353)	(15.401)	(15.605)
ROA	-0.203***	-0.201***	-0.372***	-0.202***	-0.200***	-0.372***
	(-43.931)	(-43.973)	(-43.445)	(-43.906)	(-43.951)	(-43.424)
Tobin'Q	0.005***	0.005***	0.010***	0.005***	0.005***	0.010***
	(19.508)	(19.267)	(19.013)	(19.555)	(19.319)	(19.072)
Tang	0.006***	0.005***	0.010***	0.006***	0.005***	0.010***
	(3.582)	(3.160)	(3.297)	(3.735)	(3.308)	(3.444)
Age	0.003***	0.003***	0.006***	0.003***	0.003***	0.006***
	(4.555)	(4.528)	(4.566)	(4.381)	(4.351)	(4.382)
Industry	Yes	Yes	Yes	Yes	Yes	Yes
YEAR	Yes	Yes	Yes	Yes	Yes	Yes
Adj-R^2	0.348	0.350	0.348	0.348	0.350	0.349
F 值	237.46***	239.39***	237.79***	237.67***	239.60***	238.02***
观测量/个	12407	12407	12407	12407	12407	12407

注：（ ）内表示 t 值；*、**、***分别表示在10%、5%和1%水平上显著；相关变量进行了上下1%缩尾。

利用上述样本，运用普通最小二乘法根据模型（6）对董事会成员兼任情况的稳健性分析结果如表5-12所示。稳健性检验的结果表明在控制其他影响企业风险承担水平因素的情况下，董事会成员兼任（Other）对企业风险承担水平的影响仍然显著为负，在外兼任其他企业职位的董事会成员比例的增大显著降低了企业风险承担水平，与前述假设检验结果相一致。

表 5-12　董事会成员兼任与企业风险承担水平（稳健性检验）

	CRT1 （1）	CRT2 （2）	CRT3 （3）
常数项	0.122***	0.125***	0.238***
	(17.795)	(18.484)	(18.638)
Other	−0.002**	−0.002*	−0.003*
	(−2.118)	(−1.816)	(−1.733)
Size	−0.005***	−0.005***	−0.010***
	(−16.640)	(−17.303)	(−17.422)
Lev	0.020***	0.020***	0.038***
	(13.725)	(13.784)	(13.949)
ROA	−0.203***	−0.202***	−0.374***
	(−41.685)	(−41.782)	(−41.286)
Tobin'Q	0.005***	0.005***	0.010***
	(18.939)	(18.652)	(18.358)
Tang	0.006***	0.005***	0.009***
	(3.408)	(2.963)	(3.078)
Age	0.004***	0.004***	0.007***
	(4.600)	(4.723)	(4.746)
Industry	Yes	Yes	Yes
YEAR	Yes	Yes	Yes
Adj-R^2	0.340	0.342	0.340
F 值	206.05***	207.85***	206.18***
观测量/个	12407	12407	12407

注：（）内表示 t 值；*、**、***分别表示在 10%、5%和 1%水平上显著；相关变量进行了上下 1%缩尾。

5.4　董事会独立性、规模和兼任情况影响分析总结

本部分以我国沪、深两市 2004－2016 年上市公司为研究对象，从董

事会独立性和董事会规模两个方面深入研究了董事会对企业风险承担水平的影响,并在此基础上进一步检验了上述影响在国有产权样本与非国有产权样本间的差异。研究结果表明:独立董事在我国并不"独立"、不"懂事",不论在国有产权样本中还是非国有产权样本中均没有发挥显著的监督和治理作用,独立董事在提高企业风险承担水平中的作用并不明显;由于规模较大的董事会对极端决策更难达成一致,所以企业选择风险相对较小的项目,回避风险承担行为,规模较大的董事会不利于企业风险承担水平的提高;董事会成员在其他企业任职分散了其精力,并可能会降低其履责水平,不利于其监督职能的发挥,"繁忙董事"增加了企业代理成本,董事会成员在其他企业任职不利于企业风险承担水平的提高。董事会是连接企业股东和经理层的纽带,是企业委托代理链条上的重要一环,处于企业治理的核心地位,对企业风险承担产生了重要的影响。

本部分研究表明应进一步改革完善独立董事制度,增强独立董事的独立性,严控董事会成员在其他企业的兼职数量和比例,采取措施约束独立董事,促使其能够真正发挥作用。同时,从法律层面保障独立董事的权益,为其功能的发挥扫清障碍,真正做到独立董事既"独立"又"懂事"。本部分的研究告诉我们,企业一定要根据自己的需要和外部环境来确定董事会人数。不可否认,董事会人数的增加能够给企业带来更多的资源,但也会导致董事会成员间沟通与协调成本的增加,不利于企业风险承担决策的通过,损害了董事会的决策效率,各企业一定要权衡上述两种效应,选择适合自身需要的董事会规模。同时,企业在选聘董事会成员时,应将其在其他企业的兼职数量作为一个重要标准,预防"繁忙董事"的出现。

6

企业风险承担的未来

通过前述几章研究内容，本章对本书的研究问题进行了详细的阐述、分析和论证，本章就企业治理对企业风险承担水平的影响问题进行总结归纳，在此基础上进一步提出相关政策建议，阐明本研究的主要创新点，分析说明本书的研究局限性和未来研究方向。

6.1 主要研究结论

风险承担反映了企业在投资决策过程中对风险投资项目的选择，更高的风险承担水平表明管理层更具有冒险创新精神，更不会放弃那些风险高但净现值为正的投资项目。对于企业而言，为了给股东创造更多价值，企业必须投资更多具有相对较高风险但能够获取较高收益的项目。承担风险是企业决策和获取收益的前提，从本质上来讲利润也就是对冒险的补偿和回报，这也是资本市场和实业运作的必然逻辑。企业风险承担问题的研究一直是理论界和实务界的研究热点，对企业风险承担问题的研究受到国内外学者的广泛关注。本书的主要研究目的是基于我国上市公司股权比较集中的现实状况，从管理层、股权和董事会三个层面系统研究企业治理对企业风险承担水平的影响，丰富和扩展对企业风险承担问题的研究。

根据本书的研究目的，在提出所要研究问题的基础上，本书首先对与本研究紧密相关的企业风险承担文献进行了回顾和梳理，并进行了相关文献述评及研究启示；其次，基于对相关理论的分析和归纳，本书通过相应的理论论证提出了研究假设；再次，对如何检验所提出的研究假设进行了具体的实证研究设计；最后，运用描述性统计分析、相关性分析和多元回归分析等统计方法对本书所提出的假设进行了实证检验，验证了企业治理结构对企业风险承担水平的影响。本书的研究主要得出了如下研究结论。

（1）管理层作为企业决策的直接制定和执行者，对企业风险承担水平产生了重要影响。在管理层激励方面，高额的短期货币薪酬是管理层厌恶风险的根源，为了保护其短期利益，他们会做出风险规避决策，倾向于降低企业风险承担水平；尤其是在国有企业中，上述影响更为明显。而管理层股权有助于减少管理层风险规避倾向，促使管理层更注重企业的长期利益，减少企业代理问题，进而提高企业风险承担水平；但上述效应主要存在于非国有企业中，在国有企业中，管理层股权的风险承担激励效应并不明显。在管理层权力方面，基于社会心理学理论，提高管理层权力能够激发"行为接近系统"，增强管理层的自信和乐观程度，进而导致管理层注重风险承担能带来的潜在利益，忽视其潜在损害，提高管理层权力会提高企业风险承担水平；降低管理层权力则会激发"行为抑制系统"，这时管理层会将注意力转移到避免风险承担的负面产出方面，夸大其风险性，进而降低企业风险承担水平，管理层权力与企业风险承担显著正相关，且上述影响在两类不同产权性质的企业中均非常显著。在管理层薪酬方面，管理层薪酬差距的扩大有利于增强其晋升激励动机，进而促使其采纳更高风险型的投资以获取较好的业绩，提高了企业风险承担水平。管理层薪酬差距与企业风险承担水平显著正相关，且上述效应在非国有企业中更为明显。

（2）股权结构作为企业治理的主体，对企业风险承担水平具有重要的决定性作用。控制性大股东的出现恶化了企业代理问题，控制性大股东为保护其控制权私有收益而倾向于降低企业风险承担水平。控制性大股东对企业风险承担水平的负向影响在两类产权样本中均很显著。在国有企业中，股权集中度与企业风险承担水平呈现"U"形关系，当大股东股权上升时，为获取控制权私有收益，大股东有动机追求比较稳健的低风险投资项目来确保私有收益，而当股权进一步增大时，大股东的利益与企业利益趋于一致，其有动机通过风险承担项目来提升企业价值以获取长远利益；而在非国有企业中，由于股权集中度相对较低，达到"U"形关系拐点的企业样本观测量较少，非国有企业股权集中度与企业风险承担水平间主要体现为负向关系。股权制衡度的提高有利于减少企业代理问题，约束管理层或大股东为获取私有收益而放弃风险较高但净现值为正的投资项目的行为，进而提高企业风险承担水平。机构投资者充分利用其信息和专业优势发挥了重要的监督职能，促使管理层与控制性大股东减少风险规避行为，提高企业风险承担水平，且机构投资者的上述监督治理作用在国有企业中更为明显。与非国有股权相比，国有股权企业投资决策中的保守程度相对较高，国有股权抑制了企业投资决策中的风险承担倾向，促使管理层选择更稳健的投资策略，国有股权企业具有相对较低的风险承担水平。

（3）董事会作为连接企业股东和经理层的纽带，对企业风险承担水平具有重要的影响。在我国，独立董事不论是在国有企业中还是在非国有企业中均没有发挥显著的监督和治理效果，独立董事在提高企业风险承担水平中的作用并不明显。由于规模较大的董事会对极端决策更难达成一致，所以企业选择风险相对较小的项目，回避风险承担行为，董事会规模与企业风险承担水平显著负相关。董事会成员在其他企业任职分散了其精力，并可能会降低其履责水平，不利于其监督职能的发挥，"繁忙董事"增加了企业代理成本，董事会成员在其他企业任职不利于企业风险承担水平的提高，但上述效应主要体现在国有企业中，在非国有企业中上述影响并不显著。

6.2 企业风险承担对策

本书的研究结果表明，企业治理作为减少企业代理问题的主导机制，对于上市公司的风险承担产生了重要影响。根据本书的研究结论，结合我国法律法规现状与资本市场特点，提出如下相关建议。

（1）进一步完善管理层相关激励机制，在制定企业管理层薪酬政策时，充分考虑企业风险承担因素，应避免过高的现金薪酬，将长期薪酬机制与短期薪酬机制相结合，适当提高管理层的股权水平，以促使管理层与企业利益相一致，减少企业代理问题，提高企业风险承担水平。还

风险承担：
现代企业发展之道

应进一步扩大上市公司内部人员持股范围，适当提高管理层的持股比例，将企业股份分配给内部人员，可增强企业内部人员对企业的认同感，提高其工作努力程度，管理层持股可实现其自身利益与企业利益的统一，从而激发管理层经营才能，使其全心全意为提高企业绩效而努力。从不同产权样本来看，管理层货币薪酬对企业风险承担水平的负向影响在国有企业中更为显著，要特别注意防止国有企业管理层过高的货币薪酬，而国有企业管理层股权激励的效果并不明显，应进一步注意完善国有企业的股权激励机制，促使国有企业管理层的激励措施能够真正发挥作用。同时，本书的研究表明我们应该辩证地看待管理层权力的作用，管理层权力在企业财务决策中的作用也并不一定都是消极的，适当提高管理层的权力能够增强其自信和领导能力，可能会更加积极地追求那些高风险、高收益，并具有高净现值的投资机会（风险承担水平高），管理层权力能够促使管理层更加积极地识别和把握有价值的投资项目。管理层薪酬差距的扩大有利于激励企业风险承担水平的提高，为达到激励企业风险承担的目的，在制定薪酬契约时可以适度扩大管理层的薪酬差距，但同时必须结合企业实际情况注意度的把握。我国国有企业管理层晋升和激励机制还没有实现市场化，业绩在管理层考核与晋升中的作用不够明显，国有企业的管理层激励机制作用尚不明显，管理层薪酬差距的风险承担激励效应在国有企业中还没能真正发挥作用，需要进一步完善国有企业的薪酬差距激励机制，增强对国有企业管理层的激励效果。

（2）进一步完善股权结构，在大股东方面减少"一股独大"现象的出现，适当增加股权制衡度，增强其他大股东对控制性大股东的监督和制衡能力。股权结构确立了股东的构成及其决策方式,从某种意义上说,企业治理的内部监控机制能否有效地发挥作用,实现相互制衡,在很大程度上依赖于股权结构的安排是否合理。若想减少企业的道德风险问题、代理问题,则必须努力多元化企业的股权结构,降低第一大股东的绝对控制权,建立多数人共同参与企业经营决策的企业治理机制。要进一步增强其他大股东对控股股东的监督和制衡能力,推动我国资本市场上"一股独大"的局面向多个大股东并存的制衡型股权结构转变,采取一定措施鼓励其他大股东参与到企业的经营中来,对控制性大股东的行为形成有效的监督,阻止控制性大股东私利行为的发生。我国资本市场机构投资者总体规模和数量仍然比较小,要积极培育资本市场机构投资者,壮大专业型机构投资者队伍,发挥其监督治理功能。国有企业是我国国民经济的主体,在整个国民经济中占有非常重要的地位,但整体活性不够、风险承担水平不高,不利于国民经济的整体健康持续发展。因此,要进一步深化国有企业产权改革,对其放权让利,不断完善国有企业薪酬、人事、晋升与激励制度,增强国有企业的决策自主性,适当提高其风险承担水平;同时,也要考虑从产权制度入手,引入民营股份,建立"混合所有制改革"的体制。

(3)改革和完善独立董事制度,完善董事会监督与决策功能。本书的研究表明,在目前特殊的独立董事制度下,独立董事不能充分发挥其职能作用。因此,应采取措施从法律上进一步改革完善独立董事制度,增强独立董事的独立性,采取措施约束独立董事,促使其真正发挥作用,避免独立董事制度的形式化。同时，从法律层面保障独立董事的权益，为其功能的发挥扫清障碍，真正做到独立董事既"独立"又"懂事"，增强上市公司主动设立独立董事的意识，加强对独立董事的激励与约束，培植独立董事充分发挥作用的土壤，增强独立董事的作用。本部分的研究告诉我们，企业一定要根据自己的需要和外部环境来确定董事会人数。不可否认，董事会人数的增加能够给企业带来更多的资源，但也会导致董事会成员间沟通与协调成本的增加，不利于企业风险承担决策的通过，损害了董事会的决策效率，各企业一定要权衡上述两种效应，选择适合自身需要的董事会规模。同时，企业在选聘董事会成员时，应将其在其他企业的兼职数量作为一个重要标准，预防"繁忙董事"的出现。

6.3 创新点

国内外现有研究大多是针对金融机构风险承担的研究，对普通企业风险承担的研究相对较少。与以往相关研究文献相比，本研究的主要创新之处可以归纳为以下几个方面。

第一，构建了双重委托代理理论框架下企业治理对企业风险承担水平影响的整体概念框架。在我国资本市场上，上市公司呈现股权集中和国有股权占主导地位的特征，存在双重委托代理关系，即大股东与经营者之间的委托代理关系和中小股东与大股东之间的委托代理关系。双重委托代理理论是切合我国实际并适宜我国上市公司治理分析的理论框架。在双重委托代理关系下，管理层与股东之间，以及控制股东与中小股东之间存在着不同的利益关注点，这决定了他们具有不同的风险偏好，进而影响着企业的风险承担行为。已有研究往往只是针对企业治理个别方面或部分因素对企业风险承担水平的影响进行检验，忽略了企业治理对企业风险承担水平的影响与作用是众多因素共同作用的结果，并未从整体上把握这种影响，割裂了各因素之间的联系，难免有失偏颇，从而削弱了研究结论的准确性。本研究立足于我国资本市场现实背景，基于双重委托代理理论，从管理层、股权和董事会三个层面，以整体、系统的观点深入剖析了企业治理结构对企业风险承担水平的影响与作用机理，构建了双重委托代理理论框架下企业治理对企业风险承担水平影响的整体概念框架。在一定程度上克服了以往从单个方面割裂开来研究企业风险承担问题的局限，丰富和扩展了企业风险承担问题的研究内容和发展方向。

第二，将管理层长期激励与短期激励及薪酬差距激励相结合，并融入管理层权力，系统地研究了管理层特征对企业风险承担水平的影响。研究发现短期薪酬激励不利于企业风险承担水平的提高，尤其是在国有企业中，上述影响更为明显。而长期股权激励有助于解决管理层风险规避倾向问题，提高企业风险承担水平，但该激励效应主要存在于非国有企业中。在国有企业中，管理层股权的风险承担激励效应并不明显。在管理层权力方面，基于社会心理学的权力接近/抑制理论，管理层权力能够增强其自信和乐观程度，进而使管理层注重风险承担所能带来的潜在利益，忽视其潜在损害，提高管理层权力则会提高企业风险承担水平。

管理层薪酬差距的扩大有利于增强其晋升激励动机,提高企业风险承担水平,且上述效应在非国有企业中更为明显。总体而言,管理层作为企业决策制定者,对企业风险承担水平具有重要影响。

第三,基于我国资本市场上股权相对集中的现实背景,全面系统地研究了股权结构对企业风险承担水平的影响。研究发现控制性大股东的出现恶化了企业代理问题,控制性大股东为保护控制权私有收益倾向于降低企业风险承担水平。在国有企业中,股权集中度与企业风险承担水平整体呈现"U"形关系,而在非国有企业中,股权集中度与企业风险承担水平主要呈现负相关关系。股权制衡度的提高有利于减少企业代理问题,进而提高企业风险承担水平。机构投资者充分利用其信息和专业优势发挥了重要的监督职能,提高了企业风险承担水平,且机构投资者的上述监督治理作用在国有企业中更为明显。与非国有股权相比,国有股权抑制了企业投资决策中的风险承担倾向,国有股权企业风险承担水平相对较低。股权结构作为企业治理的主体,对企业风险承担具有重要的决定性作用。

第四,基于我国资本市场董事会制度背景,揭示了董事会独立性、董事会规模和董事会成员兼任情况对企业风险承担水平的影响。独立董事在我国并没有发挥显著的监督和治理作用,独立董事在提高企业风险承担水平中的作用并不明显。基于社会心理学的群体决策理论,规模较大的董事会对极端决策更难达成一致,致使企业选择风险相对较小的项目,回避风险承担行为,董事会规模与企业风险承担水平显著负相关。

"繁忙董事"增加了企业代理成本，不利于其监督职能的发挥，董事会成员兼任比例的增加降低了企业风险承担水平，但上述效应主要体现在国有企业中，在非国有企业中上述影响并不显著。董事会作为连接企业股东和经理层的纽带，处于企业治理核心地位，对企业风险承担水平产生重要影响。

6.4 企业风险承担未来

尽管本书的研究取得了一些有价值的研究成果，达到了预期的研究目标，但由于一些主、客观因素的制约，本书的研究仍存在以下几个方面的局限性。

首先，受制于数据的可得性，本书仅以我国上市公司为研究对象，来揭示企业治理结构对企业风险承担水平的影响，并得出了相关研究结论。上市公司是我国广大企业中的优质资产企业，其所面临的融资环境和市场环境与非上市公司存在着很大的不同，如上市公司存在公开发行的股票市场，存在着信息披露的强制要求，其企业治理机制也相对较为完善等。因此，本书的研究结论是否适用于非上市公司尚不得而知。非上市公司对于我国经济的发展也发挥着十分重要的作用，是我国国民经济的重要组成部分。占我国企业主体地位的广大非上市公司，企业治理结构与企业风险承担水平之间的关系如何，还有待于进一步的探究。

其次,受制于上市公司信息披露充分性和本研究所搜集相关资料完整性的影响,有些企业治理变量在本书中没有进一步涉及。由于各种主观或客观的因素,本书虽然尝试从管理层、股权和董事会三个层面系统、全面研究企业治理结构对企业风险承担水平的影响,但对于数据库中没有完整披露的企业治理变量(如管理层社会网络、能力特征等变量),在本书中没有进一步涉及。同时,对于数据库中存在部分数据缺失的状况,尽管在样本筛选过程中,作者进行了缺失数据的删除,但或多或少在一定程度上会影响研究结果的可靠性。

再次,本书没有考虑宏观制度变量的影响。宏观制度环境,尤其是非正式制度是当前的研究前沿(王菁华 等,2017)。企业治理作用的发挥都是在一定的外部制度环境下进行的,外部制度环境的差异必然影响着企业价值和企业治理机制作用的发挥(La Porta et al.,1998,2002),宏观制度环境不仅会直接影响着企业决策,还可能会与微观企业治理机制交织在一起发生一定的交互作用。限于时间、精力方面的关系,本书没有进一步涉及。

本书的局限性为本书研究留下些许遗憾,但也为未来的研究提供了新的契机。本书认为未来的研究可以从以下几个方面进行扩展和深化:(1)在更为普遍的广大非上市公司中,可以通过问卷调查和实地调研等多种方式获取相关研究资料,对非上市公司的企业治理如何影响企业的风险承担进行研究。同时也可以通过系统、深入的调研来对某一家企业的相关资料进行个别企业的案例研究。(2)上市公司的风险承担行为离不开宏观制度环境制约，企业风险承担行为的发生也不免带有我国转轨经济制度背景的特征。我国幅员辽阔，各地区制度环境的巨大差异（樊纲 等，2010）必然会反映在企业的风险承担行为上，也必然会进一步影响企业治理机制作用的发挥，在不同的制度环境下，企业治理对企业风险承担水平的影响会有怎样的差异呢？未来的研究可以进一步纳入宏观制度环境来进行研究，一方面可以扩展本书的研究，另一方面也可以和本书的研究相互印证。（3）在企业风险承担水平的衡量上，本书仅仅采取了最常见的衡量指标——根据一定时期内企业收益的波动性来衡量，并没有采用更多的指标来测度，如何基于我国资本市场现实背景，从更多的角度来衡量企业风险承担水平也是未来的一个重要研究方向。（4）企业风险承担的经济后果是一个重要问题，现有文献虽有所涉及，但尚未引起足够的重视，如何从更广阔的方面来拓展研究企业风险承担的经济后果也是未来的一个重要研究方向。

参考文献

[1] ACHARYA V，AMIHUD Y，LITOV L. Creditor rights and corporate risk-taking[J]. Journal of Financial Economics，2011,102（1）：150-166.

[2] AGRAWAL A，MANDELKER G N. Managerial incentives and corporate investment and financing decisions[J]. Journal of Finance，1987，42（4）：823-837.

[3] ADAMS R B，ALMEIDA H，FERREIRA D. Powerful CEOs and Their Impact on Corporate Performance[J]. Review of Financial Studies，2005，18（4）：1403-1432.

[4] ADAMS R，FERREIRA D. Moderation in groups: evidence from betting on ice break-ups in Alaska[J]. Revied of Economic Studies，2010，77（3）：882-913.

[5] ALCHIAN A. Some economics of property rights[J]. Politico，1965，30（4）：816-829.

[6] AMIHUD Y，LEV B. Risk reduction as a managerial motive for conglomerate mergers[J]. The Bell Journal of Economics，1986，12（2）：605-617.

[7] ANDERSON C，BERDAHL J L. The experience of power: examining the effects of power on approach and inhibition tendencies[J]. Journal

of Personality and Social Psychology, 2002, 83 (6): 1362-1377.

[8] ANDERSON C, GALINSKY A D. Power, optimism, and risk-taking[J]. European Journal of Social Psychology, 2006, 36 (4): 511-536.

[9] ANDERSON R C, MANSI S A, REEB D. Founding family ownership and the agency cost of debt[J]. Journal of Financial Economics, 2003, 68 (2): 263-285.

[10] ARMSTRONG C S, VASHISHTHA R. Executive stock options, differential risk-taking incentives, and firm value[J]. Journal of Financial Economics, 2012, 104 (1): 70-88.

[11] ATTIG N, GHOUL S E, GUEDHAMI O. Do multiple large shareholders play a corporate governance role? Evidence from East Asia[J]. Journal of Financial Research, 2009, 32: 395-422.

[12] ATTIG N, GHOUL S E, GUEDHAMI O. The governance role of multiple large shareholders: evidence from the valuation of cash holdings[J]. Journal of Management & Governance, 2013, 17 (2): 419-451.

[13] BAIXAULI-SOLER J S, BELDA-RUIZ M, SANCHEZ-MARIN G. Executive stock options, gender diversity in the top management team, and firm risk taking[J]. Journal of Business Research, 2015, 68 (2): 451-463.

[14] BARGERON L L, LEHN K M, ZUTTER C J. Sarbanes-Oxley and corporate risk-taking[J]. Journal of Accounting and Economics, 2010, 49 (1): 34-52.

[15] BERLE A, MEANS G. The Modern Corporation and Private Property[M]. NEW York: MacMillan, 1932.

[16] BENNEDSEN M, WOLFENZON D. The balance of power in closely held corporations[J]. Journal of Financial Economics, 2000, 58（1）: 113-139.

[17] BOUBAKRI N, COSSET J C, SAFFAR W. The role of state and foreign owners in corporate risk-taking: evidence from privatization[J]. Journal of Financial Economics, 2013, 108（3）: 641-658.

[18] BOUBAKER S, NGUYEN P, ROUATBI W. Multiple large shareholders and corporate risk-taking: evidence from French family firms [J]. European Financial Management, 2016, 22（4）: 697-745.

[19] BOYER M M, TENNYSON S. Directors' and officers' liability insurance, corporate risk and risk taking: new panel data evidence on the role of directors' and officers' liability insurance[J]. Journal of Risk and Insurance, 2015, 82（4）: 753-791.

[20] BOZEC Y, LAURIN C. Large Shareholder Entrenchment and Performance: Empirical Evidence from Canada[J]. Journal of Business Finance & Accounting, 2008, 35（1-2）: 25-49.

[21] CAIN M D, MCKEON S B. CEO personal risk-taking and corporate policies [J]. Journal of Financial and Quantitative Analysis, 2016, 51（1）: 139-164.

[22] CASAVECCHIA L, SUH J Y. Managerial incentives for risk-taking and internal capital allocation[J]. Australian Journal of Management, 2017, 42（3）: 428-461.

[23] CHAKRABORTY A, GAO L S, SHEIKH S. Does size affect the relation between option compensation and managerial risk taking? Evidence from Canadian listed companies[J]. International Journal of Finance & Economics, 2019, 24 (1): 20-32.

[24] CHAN K, MENKVELD A J, YNAG Z. Information asymmetry and asset prices: Evidence from the China foreign share discount[J]. Journal of Finance, 2008, 63 (1): 159-196.

[25] CHANG E C, WONG M L. Governance with multiple objectives: evidence from top executive turnover in China[J]. Journal of Corporate Finance, 2009, 15 (2): 230-244.

[26] CHEN D, ZHENG Y. CEO tenure and risk-taking [J]. Global Business and Finance, 2014, 19 (1): 1-27.

[27] CHEN S. Corporate board governance and risk taking[J]. Quantitative financial risk management, 2011, 1 (1): 63-69.

[28] CHEN G, FIRTH M, XU L. Does the Type of Ownership Control Matter? Evidence from China's Listed Companies[J]. Journal of Banking & Finance, 2009, 33 (1): 171-181.

[29] CHENG S. Board size and the variability of corporate performance[J]. Journal of Financial Economics, 2008, 87 (1): 157-176.

[30] CHIU P C, TEOH S H, Feng T. Board interlocks and earnings management contagion[J]. The Accounting Review, 2013, 88 (3): 915-945.

[31] CLAESSENS S, DJANKOV S, LANG L H P. The Separation of Ownership and Control in East Asian Corporations[J]. Journal of

Financial Economics, 2000, (58): 81-112.

[32] COLES J L, DANIEL N D, NAVEEN L. Managerial incentives and risk-taking[J]. Journal of Financial Economics, 2006, 79(2): 431-468.

[33] CROCI E, DOUKAS J, GONENC H. Family control and financing decisions[J]. European Financial Management, 2011, 17(5): 860-897.

[34] DANSO A, ADOMAKO S, DAMOAH J O, et al. Risk-taking propensity, managerial ties and firm performance in an emerging economy[J]. Journal of Entrepreneurship, 2016, 25 (2): 155-183.

[35] DEMSETZ H, LEHN K. The structure of corporate ownership: causes and consequences[J]. Journal of Political Economy, 1985, 93 (6): 1155-1177.

[36] DEMSETZ H, VILLALONGA B. Ownership Structure and Corporate Performance[J]. Journal of Corporate Finance, 2001, (7): 209-233.

[37] DHILLON T, ROSSETTO S. Corporate control and multiple large shareholders. Working paper: 2009.

[38] DIEZ-ESTEBAN J M, FARINHA J B, GARCIA-GOMEZ C D. How does national culture affect corporate risk-taking?[J]. Eurasian Business Review, 2019, (9): 49-68.

[39] DING S, JIA C X, QU B Z, et al. Corporate risk-taking: exploring the effects of government affiliation and executives' incentives[J]. Journal of Business Research, 2015, 68: 1196-1204.

[40] DJEMBISSI B. Excessive risk taking and the maturity structure of debt[J]. Journal of Economics Dynamics & Control, 2011, 35 (10):

1800-1816.

[41] DONG Z, WANG C, XIE F. Do executive stock options induce excessive risk taking[J]. Journal of Banking & Finance, 2010, 34(10): 2518-2529.

[42] EDERER F, MANSO G. Is pay for performance detrimental to innovation?[J]. Management Science, 2013, 59(7): 1496-1513.

[43] FACCIO M, MARCHICA M T, MURA R. Large shareholder diversification and corporate risk taking[J]. Review of Financial Studies, 2011, 24(11): 3601-3641.

[44] FACCIO M, MARCHICA M T, MURA R. CEO gender, corporate risk-taking, and the efficiency of capital allocation[J]. Journal of Corporate Finance, 2016, 39(2): 193-209.

[45] FAMA E F, JENSEN M C. Separation of ownership and control[J]. Journal of Law & Economics, 1983, 26(6): 301-346.

[46] FAHLENBRACH R, STULZ R M. Managerial ownership dynamics and firm value[J]. Journal of Financial Economics, 2009, 92: 342-361.

[47] FARAG H, CHRIS M. The influence of CEO demographic characteristics on corporate risk-taking: evidence from Chinese IPOs[J]. The European Journal of Finance, 2016, 12: 1-30.

[48] FAVARA G, MORELLEC E, SCHROTH E, et al. Debt enforcement, investment, and risk taking across countries[J]. Journal of Financial Economics, 2017, 123(1): 22-41.

[49] FELDMAN E R. Dual directors and the governance of corporate

spinoffs[J]. Academy of Management Journal, 2016, 59 (5): 1754-1777.

[50] FERRIS S P, JAGANNATHAN M, PRITCHARD A C. Too busy to mind the business? Monitoring by directors with multiple board appointments[J]. Journal of Finance, 2003, 58 (3): 1087-1112.

[51] FERRIS S P, JAVAKHADZE D, RAJKOVIC T. An international analysis of CEO social capital and corporate risk-taking?[J]. European Financial Management, 2019, 25 (1): 3-37.

[52] FERRERO I, FERNANDEZ-IZQUIERDO M A, MUNOZ-TORRES M J. The impact of the board of directors characteristics on corporate performance and risk-taking before and during the global financial crisis [J]. Review of Management Science, 2012, 6 (2): 207-226.

[53] FICH E M, SHIVDASANI A. Are busy boards effective monitors?[J]. Journal of Finance, 2006, 61 (2): 689-725.

[54] FINKELSTEIN S. Power in top management teams: dimensions, measurement, and validation[J]. Academy of Management Journal, 1992, 35 (3): 505-538.

[55] FINKELSTEIN S, HAMBRICK D, CANNELLA A. Strategic leadership: theory and research on executives, top management teams, and boards[M]. New York: Oxford University Press, 2009.

[56] FOGEL K, MORCK R, YEUNG B. Corporate stability and economic growth: is what's good for general motors good for America? [J]. Journal of Financial Economics, 2008, 89 (1): 83-108.

[57] FRACASSI C. External networking and internal firm governance [J]. Journal of Finance,2012,67（1）：153-195.

[58] GADHOUM Y,AYADI M A. Ownership structure and risk: a Canadian empirical analysis[J]. Quarterly Journal of Business and Economics,2003,42（4）：19-39.

[59] GAO L,SUDARSANAM P. Executive compensation,hubris,corporate governance: impact on managerial risk taking and value creation in UK high-tech and low-tech acquisitions [R]. Working paper. 2005.

[60] GOMES A. Going public without governance: managerial reputation effects[J]. Journal of Finance,2000,55: 615-646.

[61] GULAMHUSSEN M A,SANTA S F. Female directors in bank boardrooms and their influence on performance and risk-taking[J]. Global Finance Journal,2015,28: 10-23.

[62] GUPTA K,KRISHNAMURTI C. Do macroeconomic conditions and oil prices influence corporate risk-taking[J]. Journal of Corporate Finance,2018,53: 65-86.

[63] HABIB A,HASAN M M. Firm life cycle,corporate risk-taking and investor sentiment[J]. Accounting & Finance,2017,57: 465-497.

[64] HARJOTO M,LAKSMANA I. The impact of corporate social responsibility on risk taking and firm value[J]. Journal of Business Ethics,2018,151（1）：353-373.

[65] HAYES R M,LEMMON M,Qiu M. Stock options and managerial incentives for risk taking: evidence from FAS 123R[J]. Journal of

Financial Economics,2012,105（1）：174-190.

[66] HEBA A. Corporate governance and risk taking: the role of board gender diversity[J]. Pacific Accounting Review,2019,31（1）：19-42.

[67] HIRSHLEIFER D,THAKOR A V. Managerial conservatism,project choice, and debt[J]. Review of Financial Studies,1992,5（3）:437-470.

[68] HOELSCHER J,SEAVEY S. Auditor industry specialization and corporate risk-taking[J]. Managerial Auditor Journal,2014,29（7）：596-620.

[69] HOLMSTROM B,COSTA J R. Managerial incentives and capital management[J]. The Quarterly Journal of Economics,1986,101（4）：835-860.

[70] HOSKISSON R E,CHIRICO F,ZYUNG J,et al. Managerial risk taking: a multitheoretical review and future research agenda[J]. Journal of Management,2017,43（1）：137-169.

[71] HU P,KALE J R,PAGANI M,et al. Fund flows,performance,managerial career concerns, and risk-taking [J]. Management Science,2011,57（4）：628-646.

[72] HUANG Y S,WANG C J. Corporate governance and risk-taking of Chinese firms: the role of board size[J]. International Review of Economics and Finance,2015,37（1）：96-113.

[73] HUANG J,XU N,YUAN Q. Ownership structure , share transferability, and corporate risk taking: evidence from China [R]. Working paper. 2011.

[74] HUANG Y T,WU M C,LIAO S L. The relationship between

equity-based compensation and managerial risk taking: evidence from China[J]. Emerging Markets Finance and Trade, 2013, 49（S2）: 107-125.

[75] JENSEN M. The modern industrial revolution, exit, and the failure of internal control systems[J]. Journal of Finance, 1993, 48（3）: 831-880.

[76] JENSEN M C, MECKLING W H. Theory of The Firm: Managerial Behavior, Agency Costs and Ownership Structure[J]. Journal of Financial Economics, 1976, 3（4）: 305-360.

[77] JIRAPORN P, LEE S. How do independent directors influence corporate risk-taking: evidence from a quasi-natural experiment[J]. International Review of Finance, 2018, 18（3）: 507-519.

[78] JOHN K, LITOV L, YEUNG B. Corporate governance and risk-taking[J]. Journal of Finance, 2008, 63（4）: 1979-1728.

[79] KHAW K L, LIAO J, TRIPE D, et al. Gender diversity, state control, and corporate risk-taking: evidence from China[J]. Pacific-Basin Finance Journal, 2016, 39（1）: 141-158.

[80] KELTNER D, GRUENFELD D H, ANDERSON C. Power, approach, and inhibition[J]. Psychological Review, 2003, 110（2）: 265-284.

[81] KEMPF A, STEFAN R, TANJA T. Employ risk, compensation incentives, and managerial risk taking: evidence from the mutual fund industry[J]. Journal of Financial Economics, 2009, 93（1）: 92-108.

[82] KIM K, BUCHANAN R. CEO duality leadership and firm risk-taking propensity[J]. Journal of Applied Business Research, 2011, 24（1）: 27-41.

[83] KIM K, PATRO S, PEREIRA R. Option incentive, leverage, and risk-taking[J]. Journal of Corporate Finance, 2017, 43: 1-18.

[84] KIM K, KITSABUNNARAT P, NOFSINGER J. Ownership and operating performance in an emerging market: evidence from Thai IPO firms[J]. Journal of Corporate Finance, 2004, 10: 163-181.

[85] KIM B. Do Foreign Investors Encourage Value-Enhancing Corporate Risk Taking?[J]. Emerging Markets Finance and Trade, 2011, 47(3): 88-110.

[86] KIM E H, LU Y. CEO ownership, external governance, and risk-taking [J]. Journal of Financial Economics, 2011, 102(3): 272-292.

[87] KINI O, WILLIAMS R. Tournament incentives, firm risk, and corporate policies[J]. Journal of Financial Economics, 2012, 103: 350-376.

[88] KING T H D, WEN M M. Shareholder governance, bondholder governance, and managerial risk-taking [J]. Journal of Banking &Finance, 2011, 35(3): 512-531.

[89] KOERNIADI H, KRISHNAMURTI C, TOURANI-RAD A. Corporate governance and risk-taking in New Zealand[J]. Australian Journal of Management, 2014, 39(2): 1-19.

[90] KOGAN N, WALLACH M. Risk taking: a study in cognition and personality[M]. New York: Holt, 1964.

[91] KORNAI J, WEIBULL J W. Paternalism, buyers and sellers'markets[J]. Mathematical and Social Sciences, 1983, (6): 153-169.

[92] KRAVET T D. Accounting conservatism and managerial risk-taking: corporate acquisitions[J]. Journal of Accounting and Economics, 2014, 57: 218-240.

[93] KUSNADI Y. Insider trading restrictions and corporate risk-taking[J]. Pacific-Basin Finance Journal, 2015, 35: 125-142.

[94] LAEVEN L, LEVINE R. Bank governance, regulation and risk taking[J]. Journal of Financial Economics, 2009, 93(2): 259-275.

[95] LANGENMAYR D, LESTER R. Taxation and corporate risk-taking[J]. The Accounting Review, 2018, 93(3): 237-266.

[96] LAZEAR E P, ROSEN S. Rank-order tournaments as optimum labor contracts[J]. Journal of Political Economy, 1981, 89(5): 841-864.

[97] LA PORTA R, LOPEZ-DE-SILANES F, SHLEIFER A. Law and Finance[J]. The Journal of Political Economy, 1998, 106(6): 1113-1155.

[98] LA PORTA R, LOPEZ-DE-SILANES F, SHLEIFER A. Corporate Ownership around the World[J]. The Journal of Finance, 1999, 54(2): 471-517.

[99] LA PORTA R, LOPEZ-DE-SILANES F, SHLEIFER A. Investor Protection and Corporate Valuation[J]. The Journal of Finance, 2002, 57(3): 1147-1170.

[100] LEE E J, CHAE J, LEE Y K. Family ownership and risk taking[J]. Finance Research Letters, 2018, 25(3): 69-75.

[101] LEWELLYN K B, MULLER-KAHLE M I. CEO power and risk taking:

evidence from the subprime lending industry[J]. Corporate Governance: An International Review, 2012, 20 (3): 289-307.

[102] LI J, TANG Y. CEO hubris and firm risk taking in China: the moderating role of managerial discretion[J]. Academy of Management Journal, 2010, 53 (1): 45-68.

[103] LI K, GRIFFIN D, YUE H, et al. How does culture influence corporate risk taking[J]. Journal of Corporate Finance, 2013, 23 (3): 1-22.

[104] LINCK J S, NETTER J M, YANG T. The determinants of board structure[J]. Journal of Financial Economics, 2008, 87 (2): 308-328.

[105] LIU Y, MAUER DC. Corporate cash holdings and CEO compensation incentives[J]. Journal of Financial Economics, 2011, 102(1): 183-198.

[106] LOW A. Managerial risk-taking behavior and equity-based compensation[J]. Journal of Financial Economics, 2009, 92 (3): 470-490.

[107] MAHDAVI G, MAHARLOUIE M M, SARIKHANI M, et al. The impact of institutional ownership on risk-taking behaviors[J]. African Journal of Business Management, 2012, 6 (12): 4488-4495.

[108] MAGEE J C, GALINSKY A D. Social hierarchy: the self reinforcing nature of power and status[J]. Academy of Management Annals, 2008, 2 (1): 351-398.

[109] MAGEE J C, GALINSKY A D, GRUENFELD D. Power, propensity to negotiate, and moving first in competitive interactions[J].

Personality and Social Psychology Bulletin, 2007, 33 (2): 200-212.

[110] MISHRA D R. Multiple Large Shareholders and Corporate Risk Taking Evidence from East Asia[J]. Corporate Governance: An International Review, 2011, 19 (6): 507-528.

[111] NAKANO M, NGUYEN P. Board size and corporate risk taking: further evidence from Japan[J]. Corporate Governance: An International Review, 2012, 20 (4): 369-387.

[112] NGUYEN P. Corporate governance and risk-taking: evidence from Japanese firms[J]. Pacific-Basin Finance Journal, 2011, 19 (1): 278-297.

[113] NGUYEN P. The impact of foreign investors on the risk-taking of Japanese firms [J]. Journal of The Japanese and International Economics, 2012, 26 (2): 233-248.

[114] NGUYEN P, NIVOIX S. The effect of group affiliation on the risk-taking of Japanese firms[J]. Applied Financial Economics, 2009, 19 (2): 135-146.

[115] PALIGOROVA T. Corporate risk taking and ownership structure. Working paper. 2010.

[116] RACHEL M, MICHAEL L, QIU M. Stock options and managerial incentives for risk taking: Evidence from FAS 123R[J]. Journal of Financial Economics, 2012, 105 (1): 174-190.

[117] RAVIV A, SISLI-CIAMARRA E. Executive compensation, risk taking and the state of the economy[J]. Journal of Financial Stability, 2013,

9（1）：55-68.

[118] SAH R，STIGLITZ J. The quality of managers in centralized versus decentralized organizations[J]. Quarterly Journal of Economics，1991，106（1）：289-295.

[119] SAUSET J，WALLER P，WOLFF M. CEO contract design regulation and risk-taking[J]. European Accounting Review，2015，24（4）：685-725.

[120] SHAH A A，KOUSER R，AAMIR M，et al. The impact of the corporate governance and the ownership structure on the firm's financial performance and its risk taking behavior[J]. International Research Journal of Finance and Economics，2012，93（1）：44-55.

[121] SHEIKH S. CEO inside debt，market competition and corporate risk taking[J]. International Journal of Managerial Finance，2019，93（1）：1-22.

[122] SHLEIFER A，VISHNEY R. Large shareholders and corporate controls[J]. Journal of Political Economy，1986（94）：461-488.

[123] SHIVARAM R，TERRY S. Empirical evidence on the relation between stock option compensation and risk taking[J]. Journal of Accounting and Economics，2002，33（2）：145-171.

[124] SU W，LEE C Y. Effects of corporate governance on risk taking in Taiwanese family firms during institutional reform[J]. Asia Pacific Journal of Management，2012：1-20.

[125] TANG Y，LI J，LIU Y. Does founder CEO status affect firm risk

taking[J]. Journal of Leadership & Organizational Studies, 2016, 23 (3): 322-334.

[126] VO X V. Foreign investors and corporate risk taking behavior in an emerging market[J]. Finance Research Letters, 2016, 18: 273-277.

[127] VO X V. Do firms with state ownership in transitional economies take more risk? Evidence from Vietnam[J]. Research in International Business and Finance, 2018, 46: 251-256.

[128] WANG C J. Board size and firm risk-taking[J]. Review of Quantitative Finance and Accounting, 2012, 38 (4): 519-542.

[129] WRIGHT P, FERRIS S, Awasthi V. Impact of corporate insider, blockholder, and institutional equity ownership on firm risk-taking[J]. Academy of Management Journal, 1996, 39 (2): 441-463.

[130] WRIGHT P, KROLL M, KRUG J, et al. Influences of top management team incentives on firm risk taking[J]. Strategic Management Journal, 2007, 28 (1): 81-89.

[131] XU M, ZHANG C. Bankruptcy prediction: the case of Japanese listed companies[J]. Review of Accounting Studies, 2009, 14 (3): 534-558.

[132] YERMACK D. Remuneration, retention, and reputation incentives for outside directors[J]. Journal of Finance, 2004, 59 (5): 2281-2308.

[133] ZHAI S, XIE L, ZHANG S. Bank connections and corporate risk taking: evidence from China[J]. Asia-Pacific Journal of Accounting & Economics, 2017, 24 (1-2): 183-194.

[134] ZHOU T, LI W. Board governance and managerial risk taking:

dynamic analysis[J]. Chinese Economy，2016，49（2）：60-80.

[135] 白重恩，刘俏，陆洲，等．中国上市公司治理结构的实证研究[J]．经济研究，2005（2）：81-91．

[136] 白重恩，路江涌，陶志刚．国有企业改制效果的实证研究[J]．经济研究，2006，(8)：4-13．

[137] 曹素娟．市场竞争、资本约束与银行风险承担行为调整[J]．投资研究，2012，31（6）：79-88．

[138] 陈德球，金鑫，刘馨．政府质量、社会资本与金字塔结构[J]．中国工业经，2011，(7)：129-139．

[139] 董保宝．风险需要平衡吗：新企业风险承担与绩效倒"U"形关系及创业能力的中介作用[J]．管理世界，2014，(1)：120-131．

[140] 樊纲，王小鲁，朱恒鹏．中国市场化指数——各地区市场化相对进程 2011 年报告[M]．北京：经济科学出版社，2011．

[141] 冯根福．双重委托代理理论：上市公司治理的另一种分析框架——兼论进一步完善中国上市公司治理的新思路[J]．经济研究，2004，(12)：16-25．

[142] 顾小龙，施燕平，辛宇．风险承担与企业债券融资成本：基于信用评级的策略调整视角[J]．财经研究，2017，43（10）:134-145．

[143] 关伯明，邓荣霖．董事会结构特征与企业风险承担关系实证研究[J]．现代管理科学，2015，(1)：9-11．

[144] 何威风，刘巍．EVA 业绩评价与企业风险承担[J]．中国软科学，2017，(6)：99-116．

[145] 何威风，刘怡君，吴玉宇．大股东股权质押和企业风险承担研究[J]．中国软科学，2018，（5）：110-122．

[146] 胡国柳，胡珺．董事高管责任保险与企业风险承担：理论路径与经验证据[J]．会计研究，2017，（5）：32-38．

[147] 胡一帆，宋敏，郑红亮．所有制结构改革对中国企业绩效的影响[J]．中国社会科学，2006，（4）：50-64．

[148] 黄建仁，苏欣玫，黄健铭．高管人员薪酬、自由现金流量对企业风险承担之影响[J]．科学决策，2010，（7）：10-17．

[149] 冀玛丽，杜晓荣．终极控制人性质、异质机构投资者持股与企业风险承担[J]．企业经济，2017，（3）：117-123．

[150] 姜兴坤．高管激励的风险承担效应研究[D]．北京：对外经济贸易大学，2016．

[151] 金智，徐慧，马永强．儒家文化与企业风险承担[J]．世界经济，2017，（11）：170-192．

[152] 李彬，郭菊娥，苏坤．企业风险承担：女儿不如男吗？——基于CEO性别的分析[J]．预测，2017，36（3）：21-27．

[153] 李海霞．CEO权力、风险承担与企业成长性——基于我国上市企业的实证研究[J]．管理评论，2017，29（10）：198-210．

[154] 李海霞，王振山．CEO权力与企业风险承担——基于投资者保护的调节效应研究[J]．经济管理，2015，37（8）：76-87．

[155] 李胜楠，牛建波．家族企业董事会规模价值再研究——基于绩效波动与绩效水平的整合分析[J]．经济管理，2009，31（2）：120-125．

[156] 李文贵,余明桂. 所有权性质、市场化进程与企业风险承担[J]. 中国工业经济, 2012, (12): 115-127.

[157] 李小荣,张瑞君. 股权激励影响风险承担：代理成本还是风险规避？[J]. 会计研究, 2014, (1): 57-63.

[158] 李迎春. 剩余薪酬、投资者偏好与企业风险承担[J]. 山东社会科学, 2012, (7): 148-150.

[159] 刘华,杨汉明. 风险承担与创新绩效——基于股权激励调节作用的考察[J]. 现代财经, 2018, (1): 98-113.

[160] 刘京军,徐浩萍. 机构投资者：长期投资者还是短期机会主义者[J]. 金融研究, 2012, (9): 141-154.

[161] 刘青松,肖星. 败也业绩,成也业绩？——国企高管变更的实证研究[J]. 管理世界, 2015, (3): 151-163.

[162] 刘鑫,薛有志,严子淳. 企业风险承担决定因素研究——基于两权分离和股权制衡的分析[J]. 经济与管理研究, 2014, (2): 47-55.

[163] 刘志远,王存峰,彭涛,等. 政策不确定性与企业风险承担：机遇预期效应还是损失规避效应[J]. 南开管理评论, 2017, 20(6): 15-27.

[164] 陆静,许传. 企业社会责任对风险承担和价值的影响[J]. 重庆大学学报（社会科学版）, 2019, 25(1): 75-95.

[165] 卢锐. 管理层权力、在职消费与产权效率[J]. 南开管理评论, 2008, (5): 85-92.

[166] 罗宏,黄文华. 国企分红、在职消费与企业业绩[J]. 管理世界,

2008，（9）：139-148．

[167] 吕长江，郑慧莲，严明珠，等．上市公司股权激励计划设计：是激励还是福利？[J]．管理世界，2009，（9）：133-143．

[168] 吕文栋，刘巍，何威风．管理者异质性与企业风险承担[J]．中国软科学，2015，（12）：120-133．

[169] 马宁．董事会规模、多元化战略与企业风险承担[J]．财经理论与实践，2018，39（3）：73-79．

[170] 马永强，邱煜．CEO贫困出身、薪酬激励与企业风险承担[J]．经济与管理研究，2019，40（1）：97-114．

[171] 毛其淋，许家云．政府补贴、异质性与企业风险承担[J]．经济学（季刊），2016，15（4）：1533-1562．

[172] 彭凯，孙茂竹，胡熠．连锁董事具有实质独立性吗？——基于投资者市场反应的视角[J]．中国软科学，2018，（9）：113-129．

[173] 盛明泉，车鑫．基于战略管理视角的企业风险承担与资本结构动态调整研究[J]．管理学报，2016，13（11）：1635-1640．

[174] 石大林．管理层薪酬与企业风险承担间的关系——基于动态内生性的经验研究[J]．金融发展研究，2015，（1）：17-25．

[175] 施燕平，刘娥平．产权性质、风险承担与企业债券信用利差[J]．华东经济管理，2019，33（1）：119-128．

[176] 宋建波，田悦．管理层持股的利益趋同效应研究——基于中国A股上市公司盈余持续性的检验[J]．经济理论与经济管理，2012，（12）：99-109．

[177] 宋建波，文雯，王德宏，等．管理层权力、内外部监督与企业风险承担[J]．经济理论与经济管理，2018，（6）：96-112．

[178] 苏坤．管理层股权激励、风险承担与资本配置效率[J]．管理科学，2015，28（3）：14-25．

[179] 苏坤．企业风险承担经济后果研究——基于债务期限结构的视角[J]．现代管理科学，2016，（6）：57-59．

[180] 苏坤．董事会规模与企业风险承担：产权性质与市场化进程的调节作用[J]．云南财经大学学报，2016，（2）：139-148．

[181] 苏坤．重商文化、风险承担与企业价值[J]．浙江工商大学学报，2017，（1）：89-97．

[182] 田高良，封华，张亭．风险承担、信息不透明与股价同步性[J]．系统工程理论与实践，2019，39（3）：578-595．

[183] 王斌，汪丽霞．董事会业绩评价研究[J]．会计研究，2005（2）：46-52．

[184] 王栋，吴德胜．股权激励与风险承担——来自中国上市企业的证据[J]．南开管理评论，2016，19（3）：157-167．

[185] 王克敏，王志超．高管控制权报酬与盈余管理——基于中国上市公司的实证研究[J]．管理世界，2007，（7）：111-119．

[186] 王倩．货币政策变化对中国上市公司风险承担的影响研究[J]．现代经济探讨，2018，（5）：30-39．

[187] 王相宁，倪成，张思聪．股权集中、外资参股与商业银行风险承担[J]．大连理工大学学报（社会科学版），2017，38（2）：59-65．

[188] 王晓亮，蒋勇. 高管团队激励分散度、企业风险承担与战略绩效研究[J]. 财经理论与实践，2019，40（2）：106-111.

[189] 王性玉，姚海霞，王开阳. 基于投资者情绪调节效应的企业生命周期与风险承担关系研究[J]. 管理评论，2016，28（12）：166-175.

[190] 王阳，郑春艳. 上市公司风险承担对股价波动的影响研究[J]. 价格理论与实践，2012，（3）：57-58.

[191] 王振山，石大林. 股权结构与企业风险承担间的动态关系——基于动态内生性的经验研究[J]. 金融经济学研究，2014，29（3）：44-56.

[192] 王振山，石大林. 机构投资者、财务弹性与企业风险承担——基于动态面板 System GMM 模型的实证研究[J]. 中央财经大学学报，2014，（9）：64-72.

[193] 吴倩，潘爱玲，刘昕. 产业政策支持、企业生命周期与风险承担[J]. 商业经济与管理，2019，（1）：74-87.

[194] 吴卫华，万迪昉，吴祖光. CEO 权力、董事会治理与企业冒险倾向[J]. 当代经济科学，2014，36（1）：99-107.

[195] 翁洪波，吴世农. 机构投资者、企业治理与上市公司股利政策[J]. 中国会计评论，2007，（3）：367-380.

[196] 夏子航，马忠，陈登彪. 债务分布与企业风险承担——基于投资效率的中介效应检验[J]. 南开管理评论，2015，18（6）：90-100.

[197] 肖金利，潘越，戴亦一. "保守"的婚姻：夫妻共同持股与企业风险承担[J]. 经济研究，2018，（5）：190-204.

[198] 解维敏，唐清泉. 企业治理与风险承担——来自中国上市公司的经

验数据[J]. 财经问题研究, 2013, (1): 91-97.

[199] 谢志华, 张庆龙, 袁蓉丽. 董事会结构与决策效率[J]. 会计研究, 2011, (1): 31-37.

[200] 许永斌, 鲍树琛. 代际传承对家族企业风险承担的影响[J]. 商业经济与管理, 2019, (3): 50-60.

[201] 严楷, 杨筝, 赵向芳, 等. 银行管制放松、地区结构性竞争与企业风险承担[J]. 南开管理评论, 2019, 22 (1): 124-138.

[202] 杨道广, 王金妹, 龚子良, 等. 分析师在企业风险承担中的作用: 治理抑或压力[J]. 北京工商大学学报 (社会科学版), 2019, 34 (1): 20-30.

[203] 杨典. 企业治理与企业绩效——基于中国经验的社会学分析[J]. 中国社会科学, 2013, (1): 72-94.

[204] 杨青, 薛宇宁. 中国董事会职能探寻: 战略咨询还是薪酬监控? [J]. 金融研究, 2011, (3): 165-183.

[205] 叶康涛, 祝继高, 陆正飞. 独立董事的独立性: 基于董事会投票的证据[J]. 经济研究, 2011, (1): 126-139.

[206] 伊志宏, 李艳丽. 机构投资者的企业治理角色: 一个文献综述[J]. 管理评论, 2013, 25 (5): 60-71.

[207] 余明桂, 李文贵, 潘红波. 管理者过度自信与企业风险承担[J]. 金融研究, 2013a, (1): 149-163.

[208] 余明桂, 李文贵, 潘红波. 民营化、产权保护与企业风险承担[J]. 经济研究, 2013b, (9): 112-124.

[209] 曾进. 我国上市公司风险倾向的实证研究[J]. 预测, 2010, 29（4）: 47-52.

[210] 张洪辉, 章琳一. 产权差异、晋升激励与企业风险承担[J]. 经济管理, 2016, 38（5）: 110-121.

[211] 张洪辉, 章琳一. 薪酬契约有效性、风险承担与企业治理[J]. 山西财经大学学报, 2017, 39（9）: 104-114.

[212] 张敏, 黄继承. 政治关联、多元化与企业风险——来自我国证券市场的经验证据[J]. 管理世界, 2009,（7）: 156-164

[213] 张鹏, 张颖. 商业银行高管薪酬的风险承担效应研究[J]. 财经问题研究, 2012,（7）: 53-57.

[214] 张瑞君, 李小荣, 许年行. 货币薪酬能激励高管承担风险吗[J]. 经济理论与经济管理, 2013,（8）: 84-100.

[215] 张三保, 张志学. 区域制度差异、CEO 管理自主权与企业风险承担——中国 30 省高技术产业的证据[J]. 管理世界, 2012,（4）: 101-114.

[216] 张维迎. 国有企业改革出路何在?[J]. 经济社会体制比较, 1996,（1）: 13-19.

[217] 赵丽娟, 张敦力. CEO 社会资本与企业风险承担——基于委托代理和资源获取的理论视角[J]. 山西财经大学学报, 2019, 41（2）: 80-92.

[218] 郑晓倩. 董事会特征与企业风险承担实证研究[J]. 金融经济学研究, 2015,（3）: 107-118.

[219] 朱鹏飞，张丹妮，周泽将．企业风险承担会导致审计溢价吗？——基于产权性质和费用粘性视角的拓展性分析[J]．中南财经政法大学学报，2018，(6)：72-80．

[220] 朱晓琳，方拥军．CEO 权力、高管团队薪酬差距与企业风险承担[J]．经济经纬，2018，35（1）：100-107．

[221] 朱玉杰，倪骁然．机构投资者持股与企业风险承担[J]．投资研究，2014，（8）：85-98．